2人の障がい者社長が語る

絶望への処方箋

株式会社 仙拓 佐藤仙務
+
株式会社 まんまる笑店 恩田聖敬

左右社

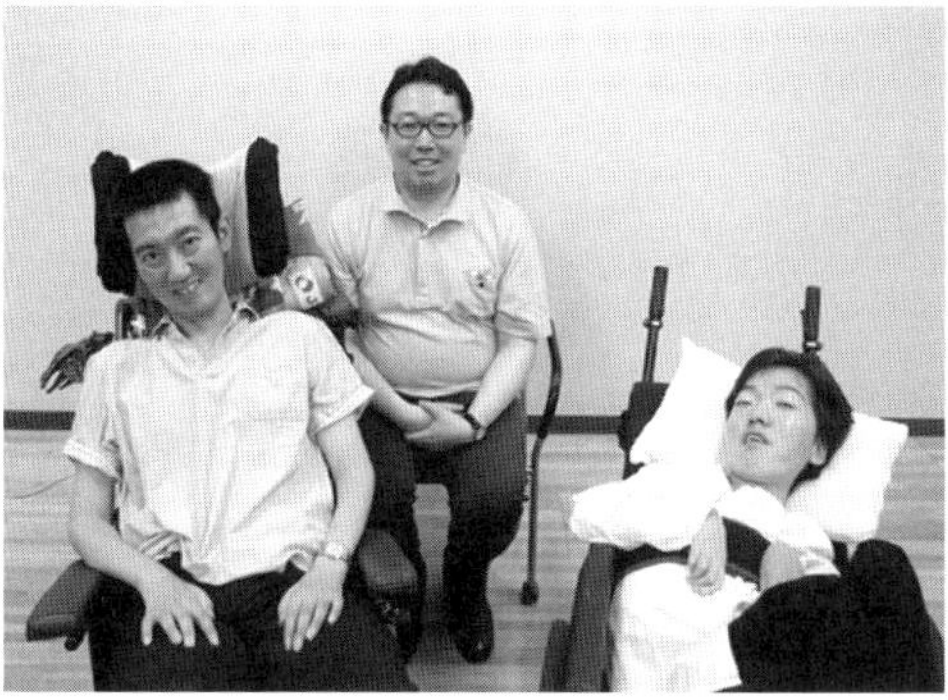

本書は、生まれつきＳＭＡ（脊髄性筋萎縮症）である佐藤仙務氏（右）と、三十五歳でＡＬＳ（筋萎縮性側索硬化症）を罹患した恩田聖敬氏（左）の対談を収録し、編集したものです。ＡＬＳによる構音障がいのある恩田氏の発言については、秘書の坂田勇樹氏（中央）がその場で、鸚鵡返しや口文字の手段で聞き取ったものをまとめました。

まえがき

僕は十万人に一人が発症するといわれるＳＭＡ（脊髄性筋萎縮症）という難病をもって生まれてきました。神経に異常があって、脳から筋肉への信号が届かないので、筋肉が動かせません。

ＳＭＡの病状が進行するスピードは、人によって異なります。僕はいま喋ることはできますが、両手の親指は一センチ動くかどうかです。普段は家族やヘルパーさんに助けてもらいながら生活しています。

障がいをもった人と関わったことのない人は、障がい者が社長をやっていると聞くと「えっ、本当!?」と驚く人が多くいらっしゃることでしょう。実際、そういう質問をされることがあります。近年、障がい者雇用の制度が整ってきていますが、障がい者が会社を経営することは、まだまだ考えられにくいようです。

サッカーＪ２のＦＣ岐阜元社長である恩田さんとのご縁をいただき、交流していくうちに、いろいろなことを深く掘り下げて話してみたくなりました。僕と同じように障がいをもちながら会社を経営している人に、これまで何人か出会ってきましたが、なかでも恩田さんはひときわ輝いて見えたからです。

恩田さんと僕の境遇は、似ているようですが、先天性と後天性で違うし、経歴も違います。対談したら、きっと内容の濃い、価値ある本ができるのではないかと想像していました。

この本は、障がいのある人とその関係者の方々はもちろんのこと、障がいをもっている人と関わったことのない健常者の方々にもぜひ読んでもらいたいです。障がいをもっていても、こんなことができるんだ、こんな生き方ができるんだ、とみなさんに知ってもらえたら嬉しいです。

読んでいただいた後、「自分のまわりにいる障がいをもった人と関わってみよう」「ボランティアをやってみよう」と思ってもらえたらありがたいです。本書が障がい者と健常者がお互いに理解し合える社会になることに少しでも貢献できたら、それにまさる喜びはありません。

佐藤仙務

まえがき　佐藤仙務…4

処方箋1
障がいに対して
人生の延長戦を生きている…12
妻がいたから乗り越えられた…15
障がい者でもできないことはない…20
仕事がないときにしたこと…26
満は持さない、機は熟さない…31
格好良く見せたいプライドは捨てた…34
病気のおかげで欲深い…37
自分が先に死ぬことはないから…40

処方箋2
起業に対して
働かない選択肢はなかった…48
真剣になれば主張も出てくる…52

誰も知らない世界へ…54
働きつづければ幸せになっていく…57
人としてだめになる不安…62
得意なことで稼いで起業する…65
商品に誇りをもつ…72

処方箋 3

会社に対して

自分をさらす覚悟…78
経営はスピードが大事…81
体調管理も仕事のうち…83
僕が死んだとしても…86
部下を成長させる醍醐味…90
社長は弱さをさらせ…94
どういう人を雇いたいか…96
「大変そう」を「すごい」に変える…103

処方箋4

人生に対して

いつか会社を上場させる…108
辞めるのは絶対に許さない！…111
社会的な弱者だと思ったことがない…116
ヘルパーさん問題を考える…120
一般社会のスーパーヒーローになる…122
障がい者の経営が想定されていない…127
ＩＴが助けてくれる…130
〝直感〟を信じて進む…135

2人の障がい者社長を語る

甘え上手でも甘い考えは禁物
株式会社仙拓　副社長　松元拓也…46

みんなが応援したくなる頑張り屋
株式会社ブレイク　取締役　山崎明日香…76

彼が子どもたちに勇気を与えた
東海中央ボーイズ　顧問　蔵満秀規…106

恩田の秘書をするのが私の天職に
株式会社まんまる笑店　片道切符秘書　坂田勇樹…138

これまでの歩み…139

あとがき　恩田聖敬…140

処方箋 1

障がいに対して

人生の延長戦を生きている

佐藤　僕は恩田さんと出会ってから、一度長い時間をとって対談してみたいと望んでいました。お話ししたいこと、お聞きしたいことはたくさんあります。障がいのことについて、制度について、働くことの意味や生き方について。恩田さんとなら深く掘り下げられると思ったのです。障がい者雇用について関心が高まっているいま、会社を経営している僕らが、世の中にメッセージを発信する意味はあると考えます。この対談で少しでも社会の役に立ちたいです。

僕は三兄弟の三番目で、二人の兄は健常者です。僕が生まれたとき、身体がまったく動かないので、病院で診てもらったら、医者に「五歳くらいで死んでしまうでしょう」と言われて、両親は当然ですがショックを受けたようです。

ただ、両親は僕のことを「かわいそう」だとは一度も思わなかった。三兄弟とも同じように接して、同じように育ててくれました。子どもの頃は、たしかに不便なことはあったでしょう。両親は僕の余命に不安な気持ちを抱いていたでしょう。僕がものごころついた頃、障がいをもっていても、工夫して生きていってほしいと言いました。

「障がいをもって生まれてきてよかった」なんて、そんな勝手なこと言えません。障がいがあるほうがいいか、ないほうがいいか、といったら、ないほうがいいに決まっています。ただ、障がいをもっていると百パーセント不幸な人生なのかといったら、それは違う。

この人生も工夫次第で、けっこう楽しめるもんだ、と感じています。よくマスコミに「佐藤さんは障がいは個性だと言っている」と記事にされるのですが、そんなことは一度も考えたことがありません。障がいは個性のはずがない。そんな個性はいりません。恩田さんは障がいをおもちになって、いまどういうことを考えていますか？

恩田　障がいは個性であるなんていう、障がいをなんとなく肯定的に捉える言葉に対しては、当事者や家族への配慮を欠く言葉で、ふざけるなと私も思います。

私のALSという病気は原因不明です。正確には筋萎縮性側索硬化症といい、筋肉を動かす運動神経のみが選択的に侵され、全身の筋肉がだんだん弱くなっていく難病です。やがて自分では呼吸できなくなり、生きるためには人工呼吸器が必要になってきます。遺伝性は少なく、誰にでも起こりうる病気です。しかし、知覚や思考力は奪われません。現在、日本では約九千人の患者がいるといわれています。

三十五歳のとき、医者からは「あなたは何も悪くないです。ただ、運が悪かっただけです」と告げられました。普通に考えたらそれは「どうして俺なんだ、ふざけるな！」という話です。しかし、それを嘆いてもしかたがありません。どれだけ嘆いても、ALSが治るわけではないのだから。

健常者の方でも、たくさんの理不尽に人生を振り回されているはずです。このALSも人生における、理不尽なことの一つだと思って受け入れるしかないと考えています。それがスタートです。でもやり方次第でALSでも自分らしく生きられると信じています。嬉しいこともたくさんあります。たとえば、ありのままに生きる先輩ALS患者の人との出会いは、ALSになったからこそ得られた、人生における財産の一つとなっています。

佐藤　僕は生まれつき、十万人に一人が発症するといわれているSMA（脊髄性筋萎縮症）という難病を抱えています。いま僕ができることは、こうやってお話しすることと、両手の親指が一センチ動くかどうかです。恩田さんのご病気ALSとかなり近い種類の難病です。

恩田さんはFC岐阜でチームを強くしようと思っていた矢先に、五体満足な状態からALSになって、病院でそのように告げられた。人生は残酷なところがあります。親は、僕が病気のことを知らないままでいてほしいと考えていました。それで病気のことをずっと隠していました。でも、いまは情報を得るのは難しくない時代です。僕が大きくなったときに、自分でインターネットで調べて、知ってしまったのです。ネットではこの病気の人が生きられるのは五歳までとか十歳までと書かれていました。だから僕はいま人生の「延長戦」を生きていることになります。

この身体で生まれてきて何年も経っているからか、自分の不運を嘆く気持ちや大きな衝撃といったものは、僕にはありませんでした。恩田さんと違うところは、僕の場合、もともと身体が動かなかったことです。恩田さんのように病気の前に輝かしい活躍をしたわけではありません。だから、そのギャップに悩むこともありませんでした。

妻がいたから乗り越えられた

恩田　私は、ALSと診断されたとき、これから先に自分の身体が動かなくなる未来を想像し、堕ちるところまで堕ちました。

佐藤　どうやって乗り越えたのですか？

恩田　一番は妻の存在です。検査入院でＡＬＳだとわかったとき、まっさきに頭をよぎったのは家族のことでした。

まだ小さい子どもをこの先どうやって育てればいいのか。妻はどう思うだろうか。私を見捨てて逃げてしまわないだろうか。悲しまないだろうか。生活費をどうしようか。私がいなくなればいいのだろうか。さまざまな思いが頭のなかを巡りました。妻に本当のことを話したら、すべてが変わってしまうかもしれない。私はどうやって話すか悩みに悩んだのち、結局単刀直入に妻に話しました。

妻は私から目を逸らすことなく、必死にその意味を理解しようとしていました。三十分ほどかけてすべて話しました。どんな悲しみや嘆きの言葉を妻は言うのだろうと、妻の反応を待ちました。妻はこう言いました。

「人工呼吸器をつければ死なないんだよね？」

「うん、人工呼吸器をつければ生きていける」

「ＡＬＳは余命何年と宣告される病気ではないんだよね？」

「うん」

「あなたに生きる意思があるなら、一緒に生きていきましょう」

そんなやりとりがありました。いまでも妻の存在が最大の心の支えです。

しかし、その後の道のりは大変でした。現実は、こんな美談で済むはずはなく、何度も妻とぶつかり合いました。妻からは私が元気をなくすと「ALSを言い訳にしないで」と叱られ、ぼーっとしていると「ちゃんと父親として子どもを見て」と言われます。ALSでも、あなたならやれる方法を考えられるでしょと。病気の前より厳しいかもしれない（笑）。


佐藤　そういうパートナーですと、嘆いたりする時間はありませんね。夫婦ってお互い血のつながった関係ではないじゃないですか。それでもそばにいて、そうやって支えになってくれる存在って、僕はうらやましいなと思います。

母は「頑張れ」と言うタイプの人間ではなく、どちらかというと「無理をするな」と言うほう。普段は明るい人なんですが、そんな母が、僕の病気のことがわかったとき、どんなふうに受け止めたのか。いまでも、ときどき考えることがあります。

僕が大きくなったときに、どうやって息子に病気のことを伝えようか、たぶん相当悩んだことでしょう。それは本当に申し訳なかったと思っています。

恩田　家族がどう関わるかは重要な問題です。障がいをもった者の家族が、その本人の面倒をみなければいけない、という考え方があります。私も自分がALSになる前はそのように考えていました。しかし、私の妻は私のケアと育児と家事をすべて引き受け、半年で心身をボロボロにして倒れてしまいました。私はそれを目の当たりにして、いままでの考えが変わりました。

それからというもの、どうすれば家族みんな笑顔で、一緒に暮らしていけるのかを考えるようになり、なんとか今日までやってきました。いま私が目指しているのは「完全他人介護」です。家族が介護に関わらず、ヘルパーさんや訪問看護師たちだけで、完全に障がい者のケアがまわっていく方法です。昼間だけでなく夜も土日休みも、家族でなくヘルパーさんの力を常に借りることです。これは、家族が自分たちで介護するのが嫌だから他人任せにする、という意味ではありません。家族団らんを負担なくやるには、ヘルパーさんの力が不可欠なのです。それに家族が介護することでヘルパーさんへの需要が小さくなっている現実もあります。完全他人介護は雇用も創出すると考えます。

家族の愛情表現は、決して身体の介助をすることだけではありません。そばに寄り添って心のケアをすることが家族の役割であり、家族だけができることだと思います。

佐藤　家族だけだと、どうしても限界がありますね。

恩田　他人が自分の大切な人の世話をするのは、愛情が深ければ深いほど受け入れがたいことかもしれません。見ず知らずのヘルパーさんに裸体をさらけ出すことに、私も妻も葛藤してきました。

佐藤　家族やヘルパーさんをはじめ、近くにいる人のありがたさは忘れちゃあかんなと改めて思いました。関わってくれている人は、人生をかけて大事にしたいです。

恩田　人生をかけて……、本当にそうですね。

佐藤　恩田さんはいま、家庭では奥様とお子さんがいて、会社では坂田さんがいます。僕も会社には一緒に働いてくれる社員がいます。自分たちのまわりの人って、生半可な覚悟で関わっている人はいませんよね。

みんな自分の人生とか将来を考えて、それなりに覚悟を決めて集まっている。だから、十年後、二十年後に、まわりにいる人たちに「近くにいてよかった」と思ってもらえる存在になっていたい。

何年後かにはいまよりずっと発展していて、絶対うちに来てよかったと思えるような会社にすることが、僕と恩田さんが、社長として一番やらないといけないことだと思います。これは責任というより義務かもしれません。

障がい者でもできないことはない

佐藤　恩田さんが発病したのは三十五歳のときですね。

恩田　ええ、二〇一三年の年末に実家に帰省したとき、お箸を持つ手に力が入らないなあと、ちょっと違和感をおぼえたのです。いま思えばそれがＡＬＳの兆候でした。

二〇一四年四月、ＦＣ岐阜の社長に就任します。当時のＦＣ岐阜は毎年、最下位争いを演じており、財政的にも非常に厳しい状況でした。私はＦＣ岐阜のスポンサーであるＪトラストの経営戦略部長でしたが、社長の藤澤信義さんから人的支援として、社長を送り込む話をもちかけられ、Ｊトラストを退職し、ＦＣ岐阜の社長となったのです。

ＦＣ岐阜に来る前に検査を受け、脳に異常がないことがわかっていました。身体のほうに異常があるかどうか、整形外科医であるＦＣ岐阜のチームドクターに診てもらったところ、整形外科ではわからないとのこと。「一度きちんと検査入院をして、身体中を診てもらったほうがいい」と勧められました。

私も社長であるからには、会社のみなさんの身体でもあるので、検査してもらおうと、その翌月に検査入院。そこでALSの可能性が極めて高いとの診断を受けました。ちょうどFC岐阜にラモス瑠偉さんが監督としてやって来て、川口能活選手や三都主アレサンドロ選手ら元日本代表選手も加入し、岐阜県中が盛り上がりの機運を見せているときでした。新社長がALSだったとなると、その盛り上がりに水を差してしまうと思い、ALSの罹患を公表するかどうか、正直とても悩みました。私は「いまはまだ公表せず、病気を隠しながら社長を続ける」という選択をして、二〇一四年のシーズンは、そのまま社長職を続けました。

チームは残留争いをすることなく、二十二チーム中十七位で終わりました。社長である私にとって嬉しかったのは、私が最もこだわった平均入場者数が前年比倍近くに増えたことでした。

しかし、その年の終わり頃になると症状が目に見えてわかる状態で、周囲にごまかしがきかなくなり、二〇一五年一月、ALSの罹患を公表しました。同時に、それでも私は社長を続けたい意向をお話しして、その年の終わりまで一年間続けました。
天職だと思っていたFC岐阜の社長を退任したときは、悔しくて悔しくて、何度も泣きました。でもしばらくして私は決意したんです。いつまでも泣いているわけにはいなかい。諦めずに、自分らしく生きようと。
このことを、先日、愛知県のある中学校で講演したときに話しました。病気になっても前向きに生きている私のことを知って、生徒さんはみんな何かを感じ取ってもらえたと思います。諦めないことの大切さを、少しでも若い人たちに伝えられたかなと思っています。

佐藤 僕は十九歳のときに、同じ難病を抱えた松元という仲間と、仙拓という会社を立ち上げました。会社を立ち上げた理由は、ひと言で言うと働く場所がなかったからです。会社の事業は名刺やウェブサイトの制作。ほかにネスレ日本のアドバイザーをしたり、東海市に住んでいるご縁で東海市のふるさと大使を務めたり、一般社団法人日本ピア・カウンセリングアカデミーの校長も務めています。

恩田 ALSが進行したことで、私がFC岐阜の社長を辞めざるをえなくなった際、自分で会社を作ろうと考えました。ちょうどそのとき、障がいがありながら社長とし

FC岐阜のサポーターがつくってくれた横断幕と私（恩田）

てバリバリ活躍している佐藤さんのことをインターネットで知ったんです。お話がしたくてメールを送ったら、すぐにお電話いただいて、お会いすることになりました。

佐藤　恩田さんのことはテレビや新聞で存じ上げていました。お会いしたのは、うちの会社ででしたね。あれは何年前ですかね？

恩田　二〇一六年の初めなので、いまから一年半くらい前でした。

佐藤　恩田さんにはご家族がいて、僕なんかよりも、働くことへの重みみたいなものをもっていると感じました。障がいをもちながらも会社を起こした人はたくさんいますが、決して軽い気持ちで立ち上げたのではないのが伝わってきた。恩田さんとは、一緒にできることがあればぜひやりたい、とそのときから考えていました。

恩田　佐藤さんは私よりもはるかにお若いのに、いままでたくさんの修羅場をくぐってこられて、ぶれない何かをもっている方だと思いました。私より社長になるのが早く、初めてお会いしたときから、尊敬の念を抱いていました。

そのときの佐藤さんのお話で、印象的だった言葉が二つあります。一つは「自分の病気のことで文句を言っていても何も変わらない」。もう一つは「障がい者でもできないことはない」でした。私と同じお考えだったので、同志を得た思いがしました。

佐藤　その言葉は、本当に大切にしています。加えて「人を批判しないこと」と「講釈を垂れない」ことも。人を批判していても物事は良い方向に進みません。講釈を垂れると成長しなくなります。起業した後、ご縁でつながった方に言われたのが「講釈は絶対に垂れるな。その前に行動しろ」でした。文句を言わない、できないことはない、講釈を垂れない、まず行動する。そういうことを大事にしています。

恩田　行動することの大切さは、私も新卒で入った会社で教えられました。「行動しろ。悩むのは暇だから」だと。

困っているお客さんがいるときに、声をかけたほうがいいのか、かけないほうがいいのか。ゴミが落ちていたら、拾うほうがいいのか、放っておくのがいいのか。そういうことは善悪で判断できます。困っているのであれば、声をかければいいに決まっているし、ゴミが落ちていれば、拾えばいいに決まっています。

シンプルに考えられれば済むことを、悩んでしまって行動できないことが多くあります。しかし、行動しなければ、何も生まれないし、何も伝わらないのです。

佐藤　僕も、障がいを抱えた身体で勝ち続けていくには、他の人より何倍も行動しないといけないと思っています。

仕事がないときにしたこと

佐藤　「大変だった」なんて言葉はあまり使いたくないんですけど、会社を立ち上げた当初は、まったく仕事がなくて大変でした。誰も僕のことを知らないし、仙拓のことも知らない。いまでこそ取材されたり講演会に呼ばれたりしますけど、僕は、近所の人でさえ知らない、取り残されたような人間でした。社長は仕事を取ってくるのが最大の役割だと思っているので、なかなか仕事を受注できずにいたのがつらかった。

会社を起こした当時は十九歳で、若すぎて人に信用してもらえない。社会経験はゼロ。当然、お金もありませんでした。すべての面でマイナスからのスタートでした。それでも、なんとか信用を得るために、まずは自分の障がいについて理解してもらえるよう努めながら営業する毎日でした。障がい者を騙そうとする人もいましたし、お金を払わないお客さんもいましたし、どこの会社の社長さんでも悩むことは一通り悩んできたのかな、とは思います。恩田さんはどうですか？

恩田　私はいままでフットワークの軽さを武器に仕事をしてきました。だから、やりたいことを決めても、それをかつてと同じようなスピードで実行できないのが、すごくしんどかったです。今日も横について私の言葉を読み取り、代わりに喋ってくれている坂田と一緒にいま仕事をしていますが、坂田に何かを伝えるとき、どうしても時間とエネルギーがかかってしまいます。

もう一つ、社長の仕事として重要なものに、人とお会いして、その人をくどいて一緒に何かを進めていくことがあります。それも坂田を通してでしか打ち合わせができない。どうしても自分が思っていることのニュアンスや、温度感が違って伝わってしまうのが一番しんどいことです。

佐藤　すごくよくわかります。恩田さんと初めてお会いした後、僕はすぐに体調を崩してしまいました。重度の呼吸不全で四カ月間入院して、集中治療室で何度も生死の境をさまよい、奇跡的に全快したんですが、気管を切開したことでまったく声が出ない状態が続きました。

僕には、坂田さんのように、言いたいことを上手く理解して代わりに喋ってくれる人がいないので、そのときは文字盤（言語障がい者が意思表示のために使う、五十音を一枚のシートに書いたもの）を使っていました。だから、伝えたいことがあるのに、相手に届くまでに時間がかかってしまったり、届いたとしても温度感が違っていたりする。恩田さんのもどかしさが、僕は痛いくらいよくわかります。声が出ないのに普通に仕事をしている恩田さんは、強い人だなと思います。僕は、医者から「いままでのように喋るのは難しい」と告げられたとき、仙拓の社長を辞めることも覚悟はしていました。

恩田さんの言う通り、人に会って思いを伝えてネットワークを広げていくことが、社長の重要な仕事の一つでしょう。いま恩田さんは、かつてのようにズバズバものを言えないかもしれませんが、それでも仕事ができる恩田さんは強い。僕にはないものをもっているんだなと思います。

僕は、まわりの人からよく「冗談のかたまり」とからかわれますが、喋れなければ冗談も言えません。それができないのはつらいですね。これからいろいろと便利な機器が世の中に登場してくるでしょうから、いまはできないことも、これから次第にできるようになっていくでしょう。坂田さんと一緒に研究してもらいたいです。

恩田　社長業の話からちょっと外れますが、声の話になったので、そのことについて少し触れておきたいと思います。

ＡＬＳが進行すると、まず自立歩行ができなくなってくるので、車椅子に乗ることになります。やがて、食事もできなくなってくるので、胃ろうをつくることになります。しかし、そんなことは、わりとすんなり受け入れられました。

一番しんどかったのは、声が出せなくなっていくことでした。病気が進行していくにしたがって、舌の筋肉が弱くなり、肺活量もなくなっていく。日に日に自分の声が自分でも何を言っているのかわからなくなっていきました。家族でさえも私の話していることがわからなくなっていくのです。

私は、相手と話しながらものごとを進めていくのが得意で、それが自分の最大の武器だと考え、これまで仕事をしてきました。日本語さえ通じるのであれば、どんな仕事もできる自信がありました。声でのコミュニケーションが困難になったときは絶望しました。それでもやるしかない、と奮起するまでに、すごく時間がかかりました。

言葉を使わずに、自分の思いが以心伝心、阿吽の呼吸で相手に伝わるなんてことは、実際にはなかなかないんだなと改めて思いました。

佐藤　僕は喋るのが大好きで、喋ることでストレスを発散しているところがあります。呼吸不全で四カ月間にわたって入院したとき、僕は声を出せず、僕を看病していた母もほとんど喋りませんでした。伝えたいことは山ほどあったのですが、伝えられない。その四カ月、喋りたい喋りたいと思っていて、声が出せるようになったときは、母は

「よかった」「よかった」と何度も言いながら号泣していました。

声が出せるようになって、即座に気に入っている看護師さんに「フェイスブックやってますか？」と訊きました。母には「二度と喋るな」と言われましたが（笑）。そういう些細な会話がとてもありがたく感じました。

恩田　妻と最近話したことなのですが、いまの私の状態で初めてお会いする方は、物静かな人だという印象をもたれるでしょうが、昔から私を知っている人がそれを聞いたら、笑うだろうと思います。あんなに動きまくり喋りまくる人はいなかった、と思っているはずなので。

佐藤　僕は恩田さんが物静かな人だとは、最初から思わなかったですけどね（笑）。

僕は、本当は本人が会社をやってないんじゃないかと言われることがあります。たまに母がマスコミや仕事関係の人から「実はお母さんがやってるんですか？」と訊かれるんです。あまり障がい者と関わったことのない人は、本当なのかと疑問に思うんでしょうね。これは僕にとってあまりにもきつい質問です。でもそれは、僕が会社を経営していることを、ちゃんと見せられていない証拠でもある、と受け止めるようにしています。母は本当にわからないんですよ、仕事のことが。パソコンもできないし。

満は持さない、機は熟さない

恩田　私の会社は「まんまる笑店」といいます。社長の役割について訊かれることがありますが、FC岐阜のときもまんまる笑店のときも同じで、会社のトップは、会社にとって良いことは何か、会社はどうすれば成長するのかを考えて、判断することが職務だと思っています。自分のことは二の次、三の次です。

会社を成長させ存続させることが第一です。我々二人だけの会社ですので、坂田を食わせていく、そのためには何をしていかねばならないのか、ぐらいのことは常に考えています。自分の成長イコール会社の成長だという思いで常に頑張っています。

佐藤　僕もやはり、トップとして会社のことを常に考えています。考えすぎる場合は、夜中にパッと会社のことで目が醒めることもあるくらい。会社のことを常に考えていられるかどうかが、社長の条件ではないでしょうか。

自分の会社が一番好きでないといけないとも思っています。いまうちの会社は僕を入れて七人スタッフがいるのですが、一緒に立ち上げた松元を入れたとしても、自分が一番、仙拓のことが好きだし、一番、仙拓に自分の人生を捧げられるという確信がある。だから、社長でいられるのかなと。

そういう思いがあるから行動を起こせる。社長が部下の人に、あれやれ、これやれ、と言うのではなくて、自分がまずやってみせるのが大事ですね。

恩田　仕事にかぎらず、私の人生の座右の銘は「伝わらないものは存在しないのと同じ」です。たとえば、恩田聖敬という人物を知らない人にとって、私は存在しないのと同じ。だから、いくら私やまんまる笑店が素晴らしいことをしていたとしても、それを知らない人にとっては、存在しないのと同じなんです。素晴らしい仕事をするのはもちろん大事ですが、それをどうやって相手に伝えるかが大切になってくる。

それは家族への思いについても一緒で、家族を当たり前のように大切に思っていますけれども、その思いをどうやって伝えるのかが大事なのです。ちなみに、この「伝わらないのは存在しないのと同じ」という座右の銘は、藤村正宏さんというマーケティングの先生からお聞きした言葉です。

佐藤　初めて聞くお話ですが、なるほどと思いました。僕もいろいろ大事にしている言葉があるんですけど、一番好きなのは「願ったり叶ったり」です。

なぜこの言葉が好きか。何か叶えたいことがあるとき、人はまず願うじゃないですか。その願ったものを叶えるために、行動して叶えると思うんですよ。どんな目標も夢も、願わないと何も始まらない。それを僕はこれまで何度も痛感してきました。「願ったり叶ったり」というこの語感も好きですし、どんどん自分でやりたいことを叶えていけそうなイメージがあります。

恩田　もう一つ付け加えるなら、「満は持さない　機は熟さない」という言葉で、これは自分の肝に銘じていることです。人生においてチャレンジする場面は何度かやってくると思うんですけれども、百パーセント準備万端で臨めることはほとんどない。いますぐできないことだと思っても、目の前にチャンスがやってきたなら、どこかで意を決して「えいや！」で飛び込んだほうがいい。

ＦＣ岐阜の社長職のお話をいただいて、やろうと決めたときも、こうやって新しく会社を立ち上げたときも、そういう気持ちで始めました。

佐藤　座右の銘というほどではありませんが、僕は「ないものはねだらない」のを大事にしています。自分より優れた人とか、お金持ちの人とか、健康な人とか、自分にないものをもっている人を見ると、いいなあ、羨ましいなあ、と思ってしまう弱さが人間にはあります。だから、僕はないものを願って嫉妬はしない。あるものに感謝する。これは仕事においても生活においても大切にしていることですね。

恩田　なるほど。私も隣の芝生は見ないですね。

佐藤　恩田さんは自分の会社で自分の思うままにやっていきたい、とおっしゃっていましたが、僕は自分と同じような障がいをもった人をどんどん雇い入れて、いつか仙拓を上場させたいと思っています。そういう違いがありますね。

格好良く見せたいプライドは捨てた

佐藤　恩田さんはALSになる前、障がい者との関わりはありましたか？

恩田　いえ、まったくなかったです。

佐藤　僕は障がいをもった人との関わりのほうが、圧倒的に多い人生だったんですよ。僕は小・中・高とも特別支援学校に通っていました。小学校に上がる前も、障がいをもった子の入る施設で過ごしました。

恩田　私が佐藤さんのような生まれつき障がいをおもちで過ごされてきた人の気持ちを完全に理解するのは、難しいのではないでしょうか。逆に、私のように途中で障がいをもった人の気持ちを、生まれつき障がいをおもちの人が百パーセント理解することも、同様に難しいのではないかと思います。ですので、それぞれのフィールドで自分の役割を果たしつつ、少しでも相手のことを理解しようとする努力が必要です。

佐藤　本当にその通りですね。僕の印象では、途中から障がいをもった人は、完全にふさぎ込んでしまう傾向があります。もうそこで人生の終わりだと絶望して、いっさい外に出ない人が多いんですよ。

ところが、恩田さんは違います。ALSになられて、いまこういう活動をされていますが、僕が恩田さんの立場だったら、果たして同じようにできるのかと考えてしまいます。あるものが失われてマイナスの状態になっても、それでもなおかつ「やってやろう」と思う原動力はどこから来るのでしょうか？

今回の対談で僕が一番知りたいのはそのことです。絶望の壁を越えようとする力はどこから湧いてくるのか。

恩田　参考になるかどうかわかりませんが。人生は一度しかありません。この短い人生のなかで格好良くありたい気持ちと、自分を好きでありたい気持ち。私を突き動かしているのはそれだけです。

佐藤　恩田さんは自分のことが好きですか？

恩田　好きですね（笑）。そして、もっと好きになりたいです。

佐藤　同じですね。僕はよく人から「自分大好き人間」と言われます。受け取り方によっては、馬鹿にされている感じがしますが（笑）。でも、自分を好きでない人はほかの人を幸せにできないと信じています。だから僕はこれからも自分を好きでいたいし、まわりの人も好きでいたい。

恩田　障がい者になった人から「自分の惨めな姿をよく人前にさらせるね」とよく言われます。でもALSに罹患する前も後も、自分は何も変わっていません。昔からの仲間や元同僚といった発病前の私を知っている人たちと話していて一番嬉しいのは「昔と何も変わってないね」と言ってもらえることです。

いまの自分の姿をこうやって人前に出すことは、別に恥ずかしいことではありません。自分を格好良く見せたいというプライドはもう捨ててしまっています。ALSであろうがなかろうが、恩田聖敬という人物は変わってない。それがいまの私のプライドです。病気になっても自分は自分。自分らしく生きる人生は楽しいです。

佐藤　僕は恥ずかしいと思う気持ちがそもそも恥ずかしいと思っています。中途半端な気持ちで自分を出すのはよくないですね。中途半端に出る杭は打たれますが、出まくる杭はもはや打たれない。だから、僕は徹底的に自分をさらすようにしています。さらすことによって、自分の会社がもっと注目を浴びればいい。

ところで、事故や病気で障がいをもった人は、介助者にはけっこう厳しいといわれますが、そのあたりは、実際、どうなんでしょうか？　恩田さんはどうですか？

病気のおかげで欲深い

恩田　まずALSは、実は運動神経に影響するだけではなくて、感情面にも影響を及ぼすといわれています。それを「感情失禁」とか「情動抑制困難」というのですが、激しい感情に突如襲われてしまうことがあるようです。

こだわらなくてもいい些細なことをこだわったり、小さなことですごく怒ってしまったり、悲しんでしまったり、怒鳴ってしまったり。私もヘルパーさんや坂田に対して、些細なことが気になって怒ったりすることがあります。

そういう特徴を差し引いて考えても、後から障がいを得た人は、まわりの人にきつく当たることはあります。それは自分が五体満足で動けたときのことを知っているからです。たとえば私なんかは、サービス業に携わってきた者として「自分が介助者だったらもっとうまくやれるはずなのに。どうしてできないんだ！」と、どうしても思ってしまう瞬間があります。

佐藤　そこがたぶん先天性の障がい者と後天性の障がい者の違いなんでしょう。僕は動ける身体をまったく知らない。その状況で、日々の生活の不便さを、家族やヘルパーさんに手伝ってもらって解消しています。

恩田さんは、いままでできていた普通の状態がマイナスになって、まわりの人の助けを得ながら、そのマイナスをどうやってゼロにもっていくか、プラスにもっていけるのかを考えていると思います。

僕はもうずっとマイナス。ゼロにいこうがプラスにいこうが、どちらにしろ僕にとっては儲けもんで、マイナスからは良くなっているんです。「あ、自分はこんなこともできた」とか「ヘルパーさんとこんなことできた」とか。「できるのか」と思うことが日々あります。

恩田さんがまわりの人にきつく当たってしまうのは、しょうがない部分があるかもしれませんが、坂田さんやヘルパーさんのことも、これからわかってあげることができたらいいですね。

恩田　今度は佐藤さんにお訊きしたいです。先天性の障がいをもちながら、一生懸命生きている方もいれば、自分のペースでいいやと思っている方もいますが、佐藤さんのモチベーションはどこからきているんですか？

佐藤　そのご質問は人生で何度も訊かれてきました。「なんでその身体でそんなに頑張れるの？」って。僕はたぶん欲深いんです。いろいろなものを見たいし、知りたいし、手に入れたい。すぐやってみたいと思ってしまう。たぶんそれは、この病気があるから。何にでも興味が湧いてしまうのは、病気のおかげかもしれません。

　うちの母は人と会うのが好きで、父と結婚する前はたくさん旅行をし、スポーツをし、とにかく何でもやってみるタイプの人なのです。そういうところが似たのかもしれませんね。

恩田　「何かを得るには何かを捨てないといけない」なんて言葉が、世間ではよく言われたりしますが、私はそうは思いません。両方欲しいなら、両方欲しいと言ってつかめばいいのです。

佐藤　「障がい者には手に入れられないものが多い」とか「障がい者は不幸だ」と当たり前のように思っている人がいます。だから、障がい者が有名になったり、障がい者が金持ちになったりして、何かを手に入れていくことになぜか嫌悪感をもたれることがあります。

何かを失った人イコール障がい者、という考え方が日本にはある気がする。僕は、もうそういう時代ではないと言いたい。障がいがあるなしに関係なく、恩田さんが言うように、欲しいものは欲しい、好きなものは好き、と言える社会になったらいいなと思います。

自分が先に死ぬことはないから

佐藤　家族についてはいかがですか？

恩田　最初にお話ししたように、私の場合、妻への感謝の気持ちはとても言葉では言い表わせません。ＡＬＳに罹患したことを話したとき、一緒に生きていこうと言ってくれたあの一言は、一生忘れることはないでしょう。妻の存在がどれだけ私にとって心強いことか。

ＡＬＳになっても父親の役割は果たせます。私にはいま、小学生の娘と園児の息子がいます。我が家の子育ての基本は「ほめる」ことと「しかる」こと。妻と協力して子どもを育てています。

私はＡＬＳに負けずに生きる姿を子どもたちに見せて、「パパは強くて格好いい！」と、誇りに思ってもらえる存在でいたいです。私は子どもたちを自分から抱くことはできませんが、子どもたちが私を抱きしめてくれます。以前のように言葉はうまく出せませんが、言葉以外の方法で通じ合えます。

いま医学は目覚ましい進歩を遂げています。この病気も治るときがきっとやって来ます。それまでしぶとく生きて、家族に恩返ししたいと思っています。妻と子どもには、これから何があっても「ずっと大好き」と言いたいです。

私はいま「片道切符社長のその後の目的地は？」と題したブログを書いていて、ＡＬＳのことや自分の考え方、生き方を発信しています。おかげさまで毎日たくさんの人がアクセスしてくれています。子どもたちが大きくなったら、私の生き様を読んでもらいたい。その思いがブログを書く励みになっています。

また、親に伝えたいことは、自分が先に死ぬことは絶対ないから安心してほしい、ということです。これまで通り、私の人生好きにやらせてほしいので、見守っていてもらいたいです。

佐藤　うちの母は、僕が生まれてから人生がガラッと変わったと言います。それはそうでしょう。その言葉にはいろいろな意味が含まれていると思います。

子どもの頃から入院ばかりしていて、生きるか死ぬかという境界を行ったり来たりしている人生でした。それが去年また起こってしまいました。去年、僕がもう駄目かという状態になったとき、母はずっと泣いていました。自分の親の泣いている姿を目の前で見ていることほどつらいものはない。自分のせいで泣いているんですから。

そんなことがある一方で、母に、人生で一度も行けないようなところに連れていったり、普段会えないような人に会わせてあげられました。母がコブクロのファンなんです。「一度でいいからコブクロに会いたい」と、僕が子どもの頃から言っていたので、「わかった、僕が会わしたるわ」と、本当に会わせてあげた。

僕が生きているあいだ、うちの母は、そんな天国と地獄を行ったり来たりする、ドラマのような、小説のような人生を送るのでしょう。ドライなところもあって、あま

コブクロのサイン。額に入れて大切に飾ってある（佐藤）

りきれいごとを言わない人なので、僕はすごく生きやすいです。余計なプレッシャーもかけられないですし、この家に生まれてきてよかったなと思いますね。母にはとても感謝しています。

恩田　もし私が「尊敬している人は誰ですか？」と訊かれたら、両親だと答えます。私は三人男兄弟の真ん中ですが、本当に自由にやりたいことをやらせてもらいました。私を黙って見守ってくれている両親に、この身体で恩返ししたい。それは元気に活動しつづけることだと思います。

佐藤　健常者との出会いはどうですか？

恩田　障がい者だって、おかしければ笑うし、腹が立ったら怒るし、感動したら泣く。それは、健常者でも障がい者でも同じです。

健常者が障がい者を見たとき、自分より不幸だと思っている気がします。でも、ぜんぜん不幸だとは思っていなくて、私はこうやって、変わらず仕事ができているし、こうやって佐藤さんという素晴らしい社長とのご縁をいただきました。

いま言ったようなことを健常者の方と五分でも話せれば、不幸ではないこと、感情があることを、少しでも伝えられます。だから、これからたくさんの健常者とお話ししていきたいです。

佐藤　僕も人間なので、当然、喜怒哀楽はあります。怒ることもあるし、喜ぶときはすごく喜ぶし。

障がい者との関わりがあまりない人は、「障がい者って、みんな天使みたいな良い人たちばかりだよね」と言う人もいれば、「助けてもらうのが当たり前だと思っているる人しかいない」と思っている人もいます。障がい者との関わりがなさすぎて、すごく偏ったイメージをもっている人が多い。

僕って良くも悪くも気を遣いすぎるところがあるんですが、この間、とある会社の社長と話していたら、その人に「障がい者も人に気を遣えるんですね」と言われました。その社長は「街で困っていそうな障がい者がいたら手伝ってあげるんだけど、みんな、やってもらって当たり前みたいな顔をしている」って。

その人は、たまたまそういう障がい者しか接したことがなかったのでしょう。「障がい者」イコール「助けてもらって当たり前だと思っている存在」と思われているのがすごく悲しかったです。だから、僕らはこれからいろいろな人と出会って、喋って、関わって、そんなふうに思われないようにしていこうと感じます。

甘え上手でも甘い考えは禁物

株式会社仙拓　副社長　松元拓也

社長の佐藤を小さい頃から知っていますが、もともと仲が良くなくて、生意気なヤツだと思っていました（笑）。でも甘え上手で、お願い事をするのがすごく得意。なぜか彼の宿題を僕がやったりしていました。

「しょうがないなあ」と思いながらも、ついつい協力してしまう。そうさせる巧みさは、いまの仕事にもいきていますね。彼が自分でできないことも多いので、それをほかの人の力を借りて実現させてしまう。

二人で会社の立ち上げを考えていたとき、彼の考えの甘さを思いきり指摘したことがあります。業務に関する資格や検定を、お互い三つずつ取得しておこうと約束して、僕はそれをクリアしたのに、彼は不合格のまま。「次の試験に落ちたらコンビを解消しよう」ときつく言った記憶があります。

僕は彼より三つ歳上ですが、当時、彼はまだ十代で、甘く考えているところがありました。僕らは社会に出たことがなかったので、一ミリでも甘えがあったらお客様に見限られてしまうかもしれない。だから人一倍、自分を律する必要があるんじゃないかなと思っての一言でした。

性格が合わないのに、なぜ一緒に経営できているかというと、やはり彼には人をうまく動かす力があるんですね。いろいろな人が協力してくれる。それはもって生まれたもの。そこは彼の強みなのかな。僕は正直、人に頼むのがあまり得意ではないので助かっています。

僕はこの会社をこれから、人が働き、生活をし、生きていくうえで、いろいろな選択肢を与えられる会社にしていきたいと考えています。障がい者だけでなく、何かの事情で働きたくても働けない状況の人たちも、自分のライフスタイルに合わせて働けるようにしたい。そういう人でも、お金が入ってくれれば、人生の選択肢は増えていき、生きやすくなるはず。

うちの佐藤は誰よりも前向きで、それが良いところではあるのですが、前向きすぎてもだめなこともある。一歩立ち止まって、まわりを見渡すことも大事。彼には足元をじっくり見ながら、前に進んでいってほしいですね。

処方箋 **2**

起業に対して

働かない選択肢はなかった

佐藤　僕が会社を立ち上げた理由は二つあります。一つは、働く場所がなかったから。もう一つは、働かないという選択肢が自分のなかになかったからです。

二人の兄とはそれぞれ、歳が四つと二つ離れています。健常者の二人は働いてお金を稼いで、初めての給料で親にご馳走していました。それが普通のことだと思ったので、自分も同じように働いて、そういうことをしようと思ってたんですよ。

ところが、実際に就職先を探したとき、働けるところがまったくありませんでした。改めて気づかされたのが、僕はやはり、誰かに支えてもらえないと生活できないし、生きていけないということ。

もし僕がどこかの一般企業に勤めることになったら、どうやって会社まで通うのか、会社で誰が介助をしてくれるのか、そこに障がい者が使えるトイレはあるのか、といった数々のハードルがあります。僕は働けると思い込んでいたけれども、現実は違うんだと気づいて、就職するのは無理だなと思いました。

どうしよう、どうしよう、と悩んでいたとき、たまたま僕と同じ病気の松元という、三歳年上の同志を得ました。

同じ病気で、悩みが一緒なんです。僕らは身体的なハンディはあっても、仕事の面で自分たちが劣っていると感じたことはない。けれども、自分たちのような障がいがあると働かせてもらえない。そんなことを喋っていて、僕が松元を誘ったんですよ。「一緒に仕事しよう」って。

松元はデザイナーなので、クリエイティブな仕事をするのが得意で、会社を立ち上げたり、営業をしたりするのは苦手。「そういうの、おまえが全部責任もつなら、その話に乗る」と言われました。そのとき僕は十八歳で、正直、不安はありました。でも、ここでやらないと、絶対、後になって後悔するだろうなと思って、松元と一緒に仙拓という会社を立ち上げました。

恩田　ＦＣ岐阜の社長を辞めることが決まって、二〇一五年末から年明けにかけて、次はどうしようかと考えていましたが、佐藤さんと同じく、私も、働かないという選択肢はありませんでした。

具体的な話として、社長を辞めてもＦＣ岐阜に何らかの役職で残る道は実際にありました。懇意にさせてもらっているいくつかの企業から「うちに来ないか？」というお話も頂戴しました。
でも、私はそのどちらも選ばず、起業する道を選びました。それまでずっと、やりたいことを仕事にしてきた私にとって、仕事とは、お金を稼ぐための手段だけではなくて、自分の力で社会の役に立つことでもある、と改めて気づいたのです。
FC岐阜に残ったとしても、どこかの企業に入ったとしても、どうしてもいろいろな人に迷惑がかかってしまいます。自分のやりたいことを百パーセントやれるわけでもありません。そう思ったので、結局、自分の会社を立ち上げようと決意したのでした。

佐藤 僕が恩田さんの立場だったら、どうしていただろう。目の前にそういう選択肢があったら、僕は会社をやっていなかったかもしれません。FC岐阜の社長をしたという実績はなかなかないことですし、それも縁だと思います。僕だったら、そこに残って、違うカタチで仕事をしていたかもしれないなあ。

恩田 FC岐阜の社長が天職だと思っていたので、社長として残れるのであれば、もちろんそれを続けたかったのですが、それ以外の立場で残り続けていたとしたら、果たして、どこまでできていたかわかりません。

会社への関わり方が変わってしまったことに対する葛藤も、きっとでてくるだろうと思って、いろいろ悩んだ結果、そこに残る道は選びませんでした。

ＦＣ岐阜に残ったら、やれることはあったでしょうが、やれることをやっているだけでは、人としての成長はありません。やれることではなくて、自分がやりたいことをやっていくことに意義があると考えたんです。

佐藤　僕はいま仙拓の社長をしていますが、社長ではなく、違うポジションで仕事をやらないといけない、ということになったら、僕はたぶん辞めるかもしれません。この立場だから本当に楽しませてもらっていて、こんなにやりがいのある仕事はないと思っています。自分のやりたいようにできるし、他の人の思いを汲み取って、すぐ形にしてあげることもできます。

恩田　佐藤さんを見ていると、できる／できない、ではなくて、やるか／やらないか、の尺度で生きてるなと感じます。それは私と共通するところです。

佐藤　そうですね、できる／できない、で考えると、ちょっと躊躇するんですよね。そういう尺度だと、やっぱりやめようかなと思ったりするんですけど、やるか／やらないかって、すごくシンプル。やると決めたら徹底的にやります。

真剣になれば主張も出てくる

佐藤　僕は突拍子もないことを言う人間なので、まわりの人はちょっと大変かもしれません。僕が将来やりたいことを語ると、そんなこと無理だとよくたしなめられます。大人になるにつれて、やりたいことを言うたびに、人からよく笑われるようになります。でも、達成できなかったことって、いまのところほとんどないんですよ。

気がついたら、後でまわりの人が「えっ？　本当にできちゃったの？」と驚く状況をつくりだしています。働ける会社がなかったから、自分で会社をつくってしまったし、会いたい人がいて、「会えるわけないじゃん」と言われたけど、会えてしまった。人に笑われても、夢や目標ができたら口に出してしまいます。そうやって僕がやりたいことは叶えられてきました。もちろん、口に出すだけではなくて、諦めずに、それに向かって徹底的に行動することが大事です。

恩田　まわりをびっくりさせるのは私も同じで、たぶん坂田が一番の被害者です。私はこれまでまわりの人を巻き込んで、自分のやりたいことをやって、その人たちの人生を変えてきた自覚がありますが、最後には良い方向に進めたと思ってもらえる、と勝手に信じています。私の秘書になった坂田もそう思っているはず（笑）。

坂田　では、ちょっとだけ私のほうから、恩田に巻き込まれたきっかけをお話ししておきます。私は恩田の大学時代の後輩で、恩田が大学三年生で合唱団の男声指揮者をやっていたとき、新入生で入ったのがきっかけで、それからの知り合いです。

お互い大学を卒業してからは、頻繁に会うようなこともなかったんですけど、フェイスブックで恩田がFC岐阜の社長に就任したことを知って、「すごいなあ、あの人、やっぱりやるなあ」と感心していました。その一年後に、同じくフェイスブックで、恩田がALSを罹患したと公表したのを知って、今度はびっくりしました。

大学時代から強い影響力をもった人で、とにかくまわりが賑やか。そばにいるといろいろなことが起こって楽しくて、そういうところが僕も大好きでした。

一度会いに行きたいと思い、その年の六月頃、FC岐阜の試合を観に行きました。そこで声をかけたのですが、すでにもう車椅子に乗っていたのがすごくショックで、もし私に何かできることがあればしたいと思いました。私はもともと実家が福岡で、地元で働いていたのですが「私でお役に立てるなら、福岡の仕事を辞めて行きます」と話しました。

いまから考えると突拍子もないことを言ってましたね。そんなこと言われても「ああ、わかった」と返事するわけないのに（笑）。けれども結局、恩田がFC岐阜の社長を辞めた後、そういえば坂田があんなこと言ってたなと、憶えていてくれたんですね。起業するのであれば、サポートをする人がどうしても一人いる。FC岐阜で恩田の秘書をしていた方（76頁の山﨑氏）は出向元の会社に戻る必要があったので、その人をそのまま引き抜くわけにはいかなかったそうです。

恩田から岐阜に呼び出しがあって、行ってみると「秘書としてやってくれるか？」と訊かれました。私はすでに引き受けようと覚悟していたので、その場で「いいですよ」と答えました。恩田も当時の秘書の方も、こんなにあっさりOKするのか、と驚いていたようです。それから恩田の起業に巻き込まれ、こちらに来て働きつづけています（笑）。

誰も知らない世界へ

佐藤　すごくないですか？　恩田さんのサポートをするために、福岡から岐阜まで来られて。ヘルパーではなくて秘書なので、ビジネスパートナーとしての関係ですね。

僕が一緒に仕事をしている松元とは、いつも言いたいことを言い合っています。ケンカもするし、お互いに「辞めてやる！」が口癖なんです。僕らには僕らなりの関係がありますが、恩田さんと坂田さんもきっと同じで、おふたりにはおふたりの関係があるのでしょうね。一人ではないというのが大事なところでしょうね。一人では何もできないので、仕事をするときに誰かが隣にいるのは、本当にありがたいことだと感じています。

坂田　佐藤さんと松元さんの関係は、きっとまわりの方には、仲がいいのだろうと思われているでしょう。たぶん私たちもそう思われているのでしょうが、真剣にやっていれば、お互いに言いたいこともあるし「なんでそうなんだ」と思うこともたくさんあります。

恩田　私は身内にはむちゃくちゃ厳しいです（笑）。仕事だから当たり前のことだと思ってやっていますから。社名の「まんまる笑店」は、私がどこから見ても同じという、普遍的な強さと柔らかいイメージを兼ね備えている丸い形がすごく好きでつけました。この会社が動くことで、その丸をどんどん広げて人の輪をつくっていきたい。

そういう願いを「まんまる」に込めています。また、私には子どもが二人いて、その子たちが憶えられるように、と「まんまる」をひらがなにしました。
「笑店」という二文字については、この店で提供するのは笑顔であり、お客様に一番近い現場（店）で、笑顔になっていただきたい、という思いを込めています。私が新卒で入った会社のときからずっとこだわってきた、サービス業のおもてなしの精神も込めています。

佐藤　うちも社名の「仙拓」にいろいろな意味を込めています。まず、僕の「仙務《ひさむ》」という名前の「仙」と、松元拓也の「拓」を合わせて「仙拓」。二人の名前の一部をくっつけたかたちですが、もともと「仙拓」という社名にするつもりはありませんでした。
松元と二人でいろいろな案を出し合って、かっこいい名前、おもしろい名前が出たんですけど、なかなかしっくりきませんでした。それらの案に対して、僕と松元の共通の友人からは「佐藤らしさと松元らしさがぜんぜんないね」と言われました。それって何だろうと思って、改めて自分たちの名前の「仙」と「拓」を辞書で調べたんですよ。

そしたら「仙」という字は「誰も知らない世界」という意味があるんです。松元拓也の「拓」は「開拓」の「拓」で、「切り拓く」という意味があります。この『仙』と「拓」の二つをくっつけると、「誰も知らない世界を切り拓く」という意味になって、「これ、いいじゃん！」と思いました。

僕ら障がいをもった人も、障がいをもっていない人も、一緒に誰も知らない新しい世界を切り拓いていこう、という意味も込められると思いました。

実は、最初、松元は「二人の名前をくっつけて『拓仙』にしよう」って言ってたんです。僕は「ちょっと待て！　なんで「拓」のほうが先なんだ？」と言って、それからやいのやいのケンカして、松元が「面倒くさいなあ。おまえの字が上でいいよ」と折れて、「仙拓」となりました（笑）。

働きつづければ幸せになっていく

恩田　私にとって仕事とは、自らを成長させてくれる大きな課題を与えてくれるものです。たぶん仕事以外では遭遇しない困難や障害が、そこにはたくさんあって、いま

中学校で、ALSの病状や日常生活、仕事について講演（恩田）

までそれを乗り越えてきたことで、人として少しずつ成長してこられたという実感があります。新卒で入った当時の自分を、いまの自分が見たら、「こいつ、アホやなあ」と呆れるでしょう（笑）。なんとかまともな人間に近づいているのは、仕事のおかげだと思っています。

佐藤　仕事をする理由の一つに、お金を稼ぎたいから、というのがあります。お金がないと自分の欲しいものが買えないし、何をするにもお金って必要。だから、純粋に稼げるようになりたいと思いました。

でも、なかなか最初は稼げなくて大変でした。ちょっとずつ稼げるようになるにつれて、今度は、自分はお金のためだけに働いているのか、何のために働いているのか、自問自答するようになりました。

それから人に認められたいと思うようになって、次に、人の役に立ちたいと思うようになりました。さらに自分と同じような障がいをもった人を雇って、もっともっといろんな人に感謝されたい、と思うようになっていきました。

働くことに対する考え方が変わってきていて、最後はどうなるのか、まだ自分でもわかりません。確かなのは、働きつづけていることで幸せになってきていることです。

数年前、小学時代の担任の先生から聞いたんですが、人の幸せには四つあるんですって。一つめが人に褒められること。二つめが人に認められること。三つめが人の役に立つこと。最後の四つめが人に愛されること。仕事って、いま言った四つのなかで三つも当てはまるんです。四つめ以外。

恩田さんは仕事とは、自分を成長させてくれるハードルを与えてくれるものだ、とおっしゃいました。僕は、自分が本当に成長しているのかと問われたら、心もとないのですが、仕事をしていることで、自分の人生の幅が広がっているのは間違いありません。

恩田　まんまる笑店は私が、FC岐阜の元社長としての経験、ALSに罹患してからの経験をもとに、一般のビジネスマンやサービス業に携わる人に役立つことを、講演や執筆というかたちで提供しています。お声がけいただいた先でお話をしたり、新聞記事にしてもらったりしています。そういったことをして、まずは経営を安定させていこう、という段階です。

私は前職で人事担当や取締役を経験していますので、雇用する側の気持ちも、雇用される側の気持ちもわかるつもりです。新入社員研修とか幹部研修といった、企業向けの研修も、最近は力を入れているところです。

そういったことと合わせて、福祉や医療の分野に関して、改善に向けて、いろいろなことを提言していきたいです。ALSに罹患してから、健常者の立場も障がい者の立場もわかる者として、社会のお役に立てることがあるのではないかと思います。ほかにも、街づくりや施設に関して提言したり、健常者も障がい者もいらっしゃるイベントのアドバイザーもしたりと、現在、いろいろな話を進めています。

そもそもまんまる笑店は、恩田聖敬とイコールのような会社でもあるので、そこで私がやりたいことを実現するのが一つの目標であり、目的でもあります。それは何かというと、前職のFC岐阜でやりたかったこと、これまでのサービス業を通じてやりたかったことです。

岐阜という地域に関して言うならば、私が育ったふるさとである岐阜の知られざる魅力を、いろいろな方に伝えたい。岐阜に住んでいる方にもっと笑顔になっていただきたいというのが、FC岐阜でやりたかったことの一つです。

それは会社は変われど、持続してやっていけたらと思っています。

人としてだめになる不安

佐藤　先ほど、会社を立ち上げる前は働く場所がなかったとお話ししましたが、正確に言うと、一社、働けるところがあったんです。そこは僕がずっと働きたいと思っていた会社で、名古屋にあるのですが、障がいをもった人がコンピュータで仕事をしていました。

健常者と同等の給料が得られるところで、僕は、そこしか自分の働ける場所がない、と思っていました。ただ、けっこう倍率が高くて、僕のような重たい障がいの人はいません。就職活動シーズンにそこだけを狙い撃ちして、その職場で実習をさせてもらうことになりました。

結果、能力を認められて「ぜひ採りたい。うちで働きな」と内定を出してもらえました。ところが、そこで働いている社員の一人が、実習中に「なんで母親に送迎してもらってるんだ？　ヘルパーさんと電車に乗って来い」と言うんですよ。

その人は中途障がいで下半身が動かないだけで、ほかの部分はぜんぜん動くんですよ。その人から「なんでおまえは人に甘えるんだ？　おまえみたいな軟弱障がい者が幸せになれるか！」と叱られました。

そのとき怒りが湧き出ると同時に、とてつもなく寂しい気持ちになりました。もしこの職場で働いたら、自分と同じくらいの障がいをもった人や、自分よりも重い障がいをもった人に出会ったときに「なんでおまえは、こんなこともできないの？」とネガティブなことを言ってしまう人間になってしまうのかな、って。

ここにいたら、自分は人としてだめになってしまう、と不安になった。そんな未来を想像したら、怖くなって、内定を断わりました。

その後、学校で先生に呼び出されて「どうして行かないの？」と詰め寄られました。僕は「自分が納得できないところには、行くつもりはありません」と答えました。結局、働く場所がなくなってしまって「じゃあ、会社を起こすしかない」と思っていまに至ります。

恩田　FC岐阜を辞めるとき、いくつかの会社からお声がけいただきました。しかし、私の能力をかってもらったうえでのお話は少なくて、「恩田さんがこういうことになったから、うちに来て、ゆっくりやってくれたらいいよ」といった、守ってあげようと感じられるお話が多かったです。

もちろんありがたいお話ですが、そういう企業にお世話になってしまうと、たぶん、すごく気を遣われながら、私にもできる仕事をわざわざ探していただくような未来が見えたんです。それは、私がやりたいことではありませんでした。

与えられた、できる範囲の仕事を黙々とこなしていくのは、恩田聖敬の生き方としてどうなんだろうか。そんな生き方はないんじゃないのか。自分のやりたいことを百パーセントやっていくためには、自分で会社をつくるしかない。そう思って起業しました。

佐藤　そういうふうにお声がかかるのは、恩田さんのそれまでの徳とか人望があってのことでしょうね。僕は会社を立ち上げて、本を出して、メディアからちょっと注目されるようになって夢は叶えたはずなのに、なぜかいまも雇ってもらいたいという憧れがある。みんな、それを不思議に思うんですよ。

会社を経営していて自分の好きなようにできるのに、どうしてかと思われるかもしれませんが、会社に雇ってもらうという、みんなが手に入れやすいものが、僕にとっては最も手に入れにくいものだった。会社を立ち上げて二、三年経っても、いつか自分に声をかけてくれる人が現れ、雇われるといいな、と思っていました。

そうしたら数年前、なんとネスレ日本の社長から連絡があって「うちの契約社員として活躍してもらえませんか？」と言われたんです。食品メーカー世界最大手の日本法人の社長から声がかかるなんて！

僕の人生、これからどうなっていくのか、まったくわかりません（笑）。夢がどんどん叶っていくので、いま、とても幸せを感じています。

得意なことで稼いで起業する

佐藤　僕は会社を起こしたいと思ったのが十八歳のときでした。松元に「おまえ、会社ってどうやって起こすのか知ってんの？」と言われて、そういえばまったく知らないことに気づきました。

定款をつくって法務局に提出しなければいけないとか、一通りの手続きをインターネットで調べました。書類の作成がほとんどでしたね。

僕には、坂田さんのような、自分の代わりに動いてくれる人がいませんでした。松元も同じ障がいがあるから動けない。法務局に書類を提出しに行くことをはじめ、物理的にできないことがたくさんあったので、専門家に頼もうと考えました。

行政書士、税理士、会計士などに頼めばいいことがわかって、自宅の近くでそういう仕事をしている人に、順々に電話をしていきました。ところが、まったく信用してもらえないんですよ。

年齢十八、障がい者、寝たきり。お金はほとんどない。社会経験なし。そんな僕が電話で問い合わせて「会社を起こしたいんですけれども」と伝えても、本気で取り合ってもらえない。遠回しに、そんなことはやめたほうがいい、と諭されるばかり。社会の厳しさを味わいました。

でも、僕は諦めなかった。ずっとあちこちに電話をしたりメールを送ったりしていたら、一人だけ、「僕でよかったらやらせてください。お金もないでしょうから、最初はそんなにいりません。長い付き合いをさせていただけるなら、ぜひお願いします」と返事がきました。とても好意的な税理士さんでした。その人が手続きを全部やってくれたおかげで、いまの仙拓があります。彼がいなかったら、どうなっていたんだろう。

その税理士さんのお子さんは、身体が丈夫ではなくて、過去に命が危なかったときもあったそうです。その経験があったので、障がいをもっている人を抵抗なく受け入れられた、と後から明かされました。いまはうちの顧問税理士になってもらっています。僕はその人にすごく感謝しています。僕が彼のことを本で書いたり、一緒にテレビに出演したりしているので、少しずつ恩を返せるようになってきました。

いまではいろいろな税理士さんが、仙拓の顧問税理士をやりたい、と言ってくるようになったんですけど、僕が会社を立ち上げようとしたとき、みんな「やりたくない」と冷たかったじゃないか、と思ってしまうんですよね。

自分がピンチなのに誰も応援してくれなかったときに手を差し伸べてくれた人は、死ぬまで大事にしたい。これは障がいがあるなしに関係なく、誰もがそうでしょう。これから、もっともっと恩返ししていくつもりです。

恩田　起業の手続きについては、私の場合は、ちょっと特殊かもしれません。FC岐阜を辞めるまでに、さまざまな人たちと関わってきたおかげで、その人たちから、専門家の方をご紹介いただいて、手助けしていただきました。それまでにビジネスマンとして、会社をつくることを手伝った経験もあるので、比較的スムーズでした。

ただ、私の場合は創業資金をどうクリアするかが問題でした。固定費が毎月とても

ネスレ日本社長の高岡浩三さんと。
まさかこういう写真を撮ることになろうとは（佐藤）

かかることはわかっていました。まず、秘書の坂田の人件費。それから、移動用に車椅子が乗り込める特別な車両。この身体でも使えるＩＴ機器を一式揃えなければならない。そういった経費をなんとか捻出しないことには運営していけません。

これらの問題については、今回、クラウドファンディングという方法でクリアできました。インターネットで寄付を募り、三百人以上の方々から、八百万円以上の貴重なご寄付をいただけました。おかげさまで、まんまる笑店の基盤ができ、いまに至ります。

だから、その三百人以上の方々の期待に、なんとしても応えないといけない。そのためにはまんまる笑店が「寄付してよかった」と、みなさんの自慢になるような会社にしなければなりません。

佐藤　僕の場合は恩田さんのような人脈もなかったですし、当時、クラウドファンディングもありませんでした。まず、お金が工面できなくて、どうしようか悩んでいたところに、うちの親と松元の親が「お金、ちょっと出そうか？」と援助を申し出てくれたんですよ。

僕は「借りてすぐ返せばいい」と松元に言ったら、彼から「馬鹿じゃないの？　借りられるわけないじゃん。俺らは助けられてばかりじゃないか。そのうえに、またお金出してもらうのか？　だったら俺はやらん！」と反対されました。

松元に「じゃあ、どうする？　お金ないぞ。会社つくるには手続きに何十万円もかかる」と話しました。そこで、二人がそれぞれできることで、何か稼げることをしよう、となりました。

松元はその頃からウェブ制作の腕がありました。とりあえず「ウェブ制作を松元に任せてもいい」と言ってくれるところを探すことになった。「ちょうどホームページをリニューアルしたい」と考えていた親戚から仕事をもらいました。

けっこう膨大な作業ボリュームで、ウェブ制作会社に頼むと普通は百万円くらいは請求していい仕事でしたが、松元が「いや、いまはまだ素人だから、十万円でいい」と申し出て、実際に十万円で引き受けました。

僕は感想文やエッセイを書くのが得意で、よく賞に応募して入賞していました。そこで賞金が出るところを狙おうと考えました。

インターネットで応募する賞の審査員がどういう本を書いているのか、ファンはどういう人なのかを調べて、どういう文章で、どういうトーンで、どういう内容だったら、この審査員から評価されるかを考えました。大賞までは取れませんでしたが、入賞はして五万円、十万円の賞金は稼ぎました。

結局、二人合わせて三十万円くらい稼ぎました。うちはＩＴ系の会社なので、設備費はほとんどいらないし、坂田さんのように秘書をしてくれる人は考えていなかったので、それでなんとか足りました。

まず自分たちの得意なことで稼いで、そのお金で設立費用と税理士さんのお金を捻出しました。親から出してもらわなくてよかったと思いますね。あのとき困ったと言えば、お金が安易に入る感覚に慣れてしまったし、自分のためによくなかった。

恩田　いまだったら、インターネットで調べていただけたら、そういう専門家の方も見つかるでしょうし、起業のこともわかると思います。定款や申請書類をつくって、ハンコをつくって、提出して終わりです。

佐藤　そうそう。そんな感じで定款つくって、やったなあ。

恩田　専門家の方に払う料金を含めて考えると、だいたい三十万円から四十万円くらいみておいたほうがいいでしょう。

商品に誇りをもつ

佐藤　メディアに取り上げられた後は、一時的に注文がたくさん入ります。ただ、僕が思うに、メディアに紹介された後のお客さんは、あまり質の良いお客さんは来ないですね。

以前、名刺を注文していただいて、納品した後、発注者から電話がかかってきて「振込口座がわからない」と言われました。そんなことないと思うんですけど、その人は「なんとかしろ！　俺は忙しいんだ！　おまえみたいな寝て仕事してるような暇人じゃないんだ！」と怒鳴りだしました。

ほとんどのお客さんは良い人ですけど、僕も会社を七年経営してきて、もう、何千件とお客さんの対応をしてきたので、本当にいろいろありますよ。

お金を払わない詐欺みたいなお客さんや、途中で連絡がとれなくなるお客さんもいるんですけど、たいてい最後は「まあ、しょうがないか」と思うんですよ。でも、どうしても許せなかったお客さんが一人だけいるんです。

あのお客さんだけは……。その人は「名刺を発注したいので、とりあえず先にお支払いしたい」と言うんです。「うちはいつも納品後にお支払いいただいてるんですよ」と答えたら、「いや、ちょっと事情があって、納品前に払いたいんです」と。何か事情があるんだなと思って請求書を出したら、すぐに振り込まれました。ところがそこから連絡が途絶えたんですよ。

その人は名刺をつくる気なんてさらさらなくて、ただ仙拓にお金を払って、猫に餌をあげるみたいに、障がい者に恵んであげたかっただけなんですよ。「仕事しないでお金をもらえたんだから、いいじゃないか」と思う人がいるかもしれませんが、僕は傷つきました。

僕は自分の会社の商品に誇りをもっていて、自分たちがデザインする名刺は心から良いものだと信じていますし、誇りももっている。だけど、その商品を選んだのではなくて、仙拓は障がい者がやっている会社だからと、商品は見ずにお金だけ払った。それは本当に納得がいかなくて、いまでも忘れられない出来事です。

恩田　私は、売名目的で来られているのかなと思われる人が多くいて、それが残念です。ありがたいことに、岐阜では私のことを知っていただいている方が多くいて、街に出たら「あ、恩田さんですね」とか「FC岐阜、調子いいね」とか、話しかけてもらえる。

　こんなことがありました。お会いしたいとご連絡をいただいて、実際にお会いしてみると、中身のあるお話があるわけではなくて、何枚か写真を一緒に撮ってくださいと頼まれて、バシバシ撮っていかれました。

　後日、フェイスブックとかブログに「あの恩田さんと会いました」と書かれると、「ああ、なるほど、そういうことだったのか」とわかります。つまらないヤツもいるなあ、とがっかりしてしまうのです。有名な人に会いたい。それだけなんです。

佐藤　恩田さん、それね、思うんですけど、慣れないといけない。僕にも、それはありますよ。メールや電話でいきなり「会いたいです」と言ってくるんです。いまネットは恐いので、あんまり無下にしちゃうと、「あいつ、調子にのってんな」と書かれてしまう。よっぽど変な人でないかぎりは会うんですけど、残念なことに、七割、八割は写真目当てのように感じます。

　一緒に写真を撮って、それを自分のブログやSNSにアップする目的だけの人は、もう会う前からわかるんですけど、断ることはあまりしません。お客さんが帰られた後、心の中で「何しに来たんだろう？」と思うことがよくあります。でも、それも含めて仕事だと思うようにしています。たまに本当に仕事につながる人もいるし。

どんな人とも同じように仲良くしたいという綺麗事は考えていません。やはり自分の人生や仙拓の活動に価値を認めてくれている人と関わっていたいので。いまの恩田さんの話はすごくよくわかります。

僕が入院していたときもすごかった。お見舞いにくるのではなくて、写真を撮りにくるだけ。もう、わかりますもん。写真を撮って自分のフェイスブックにアップするのはいいとしても、「この写真を佐藤さんのフェイスブックにアップして」と言ってくる人もいるんですよ。嫌とは言えない。ただ、昔の自分を思い起こせば、そういうふうに言ってもらえることは、ある意味、幸せなのかもしれません。

ただ、外で会った人に「ちょっと写真を撮らせてください」と言われたときは、たまに気持ちが疲れてしまうことがあります。だから、恩田さんの気持ちもよくわかります。

みんなが応援したくなる頑張り屋

株式会社ブレイク　取締役　山﨑明日香

大学を卒業して入った会社で恩田さんとは新卒採用での同期でした。当時、その会社が全国にアミューズメント施設をもっていて、最初に配属された店舗で一緒だったんです。その後いつの間にか恩田さんは役員に昇進していきました。戦友みたいな感じで、立場が変わって別々になっても、行き詰まったときに相談するのは恩田さんでした。

恩田さんがＦＣ岐阜の社長に抜擢されてしばらくして、会社のオーナーに呼び出され「恩田の記事を見たか？」と訊かれました。そのときはじめてＡＬＳのことを知ったんです。「いまの恩田の病状ではＦＣ岐阜は厳しい。手伝いに行ってくれないか」と言われました。「少し考えさせてください」と答えましたが、そのとき心の中で、行くのは八割方決めていました。いつかどこかでまた一緒に仕事がしたいと思っていたので。一緒に仕事ができるのが嬉しくて、二〇一六年の一年間、恩田さんの秘書をしました。

恩田さんから仕事を取ったら恩田さんでなくなるくらい、恩田さんは寝る間を惜しんで仕事をする。真面目な性格の人です。妥協はいっさいせず、自分に厳しく、他人にも厳しい（笑）。いかにお客さんを連れてくるかを考えていて、そのためにどの社員より前に先頭に立つ。夜中にチラシをまきに行き、自転車に乗って岐阜市内をまわり「週末、試合を観に来てください」と呼びかけていました。

恩田さんは毎試合、スタジアムの入口に立ち、ハイタッチでお客さんを迎えるのが定例でした。「ここに来るのが楽しみになりました」「私も病気をもってます。お互い頑張りましょう」と応援してくださる方がたくさんいました。恩田さんの誕生日のときの試合は印象的でした。試合後、恩田さんがゲートでお見送りしているとお客さんがまわりを囲んで、大合唱で「ハッピバースデートゥーユー」を歌ってくれたんです。サポーターに愛されていました。

私は恩田さんの秘書をすることで、ほかのＡＬＳの患者さんにお話をうかがう機会があったのですが、みなさん、本当に心が強くて元気。病気にしっかり向き合っている方が多い。障がいとは、何をもって障がいと言うんでしょうね、といまは考えています。

処方箋 3

会社に対して

自分をさらす覚悟

佐藤　障がいをかかえながら社長をやっているのは、健常者にとってインパクトがあるのではないでしょうか。取材や出版につながる可能性が高いのは確かで、まわりの人から注目されやすいですね。障がい者の社長は良くとらえられることもあるし、極端に斜めにとらえられることもあります。人によっては「障がい者であることを利用して、けしからん」と、不愉快に思う人がいるので、一長一短なんですけど。

恩田　マスコミに取り上げられやすいというのはその通りですね。FC岐阜の社長をしていたとき、ALSのことを利用してFC岐阜の宣伝ができればありがたいと思い、メディアの方にお声がけして、そういった取材を受けたこともあります。

しかし、焦点は病気のほうにあたってしまいがちで、FC岐阜の宣伝ができたかどうかは疑問です。取り上げていただけても、どう取り上げていただくかまでこちら側がコントロールできるわけではありません。それを考えると、メリットもあればデメリットもあり、難しいところです。

FC岐阜の社長退任後の現状を考えると、まんまる笑店は、ほぼイコール恩田聖敬そのものですので、いまは胸を張ってALSの自分を紹介していただいて、それがそのまま、まんまる笑店としてやりたいことにつながっています。

佐藤　僕は、どうしたら自分や会社のことを、より多くの人に知ってもらえるかと考えたとき、やはりメディアの人に声をかけるところから取り掛かります。自分から積極的に動かなければ、ぜんぜん取り上げてもらえない。地元の新聞社とかケーブルテレビとかから始めて、一歩一歩、自分や会社を発信していけるんです。

障がいをもちながら会社を起こして社長になって活躍したい、と考えている人がいたら、自分の病気や障がいをさらして、テレビ画面に笑顔で映っていられる覚悟がないと、やれないだろうなと思います。

僕はいろいろなことをやっています。仙拓の社長の役割としては営業や宣伝が主で、今日も帰って、こういう活動をしました、とフェイスブックとツイッターを使って、自分や会社のことを発信します。当然ですが、僕がお客さんと打ち合わせをします。そのほか、オンライン注文の対応をしたり、見積もりをとったり、請求書を出したり、納品しに行ったり、お金を回収したり。

決算のシーズンは税理士さんと話し合います。来年度の売上目標をどうするか、経費をどうやって節約するかなど、ほかの会社の社長がやっているのと同じようなことを、パソコンを通じてやっています。健常者の社長とは、少し方法が違うかもしれませんが、内容としては変わりありません。パソコンはいまや必須のツールですね。銀行口座のお金の管理もできるし、取引先に送金もできます。

以前、僕が唯一できなかったのが、請求書の郵送だったんですが、請求書を代わりに発送してくれるサービスもでてきました。いま僕がまわりの人に助けてもらっていることって、なんだろう？　お金をおろすことぐらいかな。

印刷会社とはメールでやりとりして、ネットを通じてデータ入稿できます。ウェブサイトのサーバを契約したり、ドメインを取得したりもできます。仕事のうちの九割五分くらいのことがネットでできてしまう。

僕も恩田さんも進行性の病気なので、だんだん、できることができなくなっていく現実があります。けれどもありがたいことに、いまの時代は、次々に便利なものが世の中に出てきてるんですよね。だから僕は毎年、できなくなることよりも、できるようになることのほうが多いくらいです。僕も恩田さんも、いまこの時代に生まれて、会社を経営できている。そのことには感謝しないといけない。

経営はスピードが大事

恩田　私はほとんどの業務をiPadを使ってやっています。iPadで振り込みもできるし、ＳＮＳの閲覧もブログへのコメントの返しも、なんでもできます。あらかじめデータをつくっておけば、講演も自分の音声でできます。

時間で換算すると、業務としてやっていることの八割方は、自分のこれまでの経験や思いをブログに書き込んだり、フェイスブックで投稿したり、講演の原稿を書いたりと、ものを書くことです。

残りの二割でまんまる笑店の今後のことについて、どうするかを考えています。こういうことをしていこう、こういう方とお会いしてみたい、と坂田に指示して、坂田がそれに関して資料を作ったり、アポを取ったりしています。

佐藤さんがおっしゃる通り、ＩＴ技術のおかげでいま私も仕事ができています。一昔前なら、コミュニケーション手段といえば、口文字と透明文字盤しかなかった。そういう状況では、とてもじゃないですが、社長としての仕事やこういう活動はできないでしょう。

佐藤　本当にそうですね。すでにこの世の中には便利なものがいっぱいあるので、できることがたくさんあります。

恩田　社長としてやれることは、全部やろうと思ったらできるし、佐藤さんも私も社長としてやるべきことをやっているのではないでしょうか。

佐藤　これは恩田さんと共通した悩みかと思いますが、文字のタイピングをもっと速くできるようになりたい。僕はパソコンの画面上にキーボードを出して、マウスで打てますが、大量に打つのが大変。それさえ解消されれば、たぶん仕事は三倍も四倍も速くなります。

恩田　それも技術の進歩で、いつか解消されるかもしれませんね。私はiPadに慣れることで、一年前の1・5倍の速さで文字を打てるようになりました。

佐藤　パソコン入力に慣れていないご年配の方に比べたら、ぜんぜん速いつもりなんですけど、僕らの業界ではみんな打つのが速いから、やはりそこにはもどかしさを感じます。ちょっとした工夫ではありますが、予測変換機能を使って、普段使う言葉をすぐ出てくるようにしています。

たとえば「せ」と打つと「仙拓」が出てきたり、「さ」と打つと「佐藤仙務」が出てきたりして、言葉を登録していくことで、効率よく仕事ができるようになります。ちなみに、僕のパソコンは「お」と打つと、恩田さんの名前が出てきます。

恩田　ありがとうございます(笑)。経営はスピードが重要なので、そこはこれからこだわって、少しでも速く打つ方法を追求したいと思います。佐藤さんのほうが絶対知識をもっているので、ぜひ教えてください。

佐藤　情報交換し合いましょう。

体調管理も仕事のうち

恩田　社長業の大切なことの一つに、体調管理があげられます。そのためにはリハビリの時間、病院に行く時間も確保する必要があります。私が社長として仕事をしていくためには、いろいろなことをしていかなければいけない。やりたいことはたくさんあるし、それらを一つひとつやるには時間がかかります。時間はいくらでも欲しいですし、いくらあっても足りないくらいです。

今回のような対談では、体調がゆるせば、もちろん延長することはできるのですが、この後のスケジュールとしては、夜、決まった時間にヘルパーさんが来るので、それまでには帰らないと、いろいろなケアが進みません。そういうことがあるので、時間の制約が非常に厳しいです。自由が少ないなかでどう時間を捻出していくか。そういったところの管理がとても大変です。

佐藤　僕も身体が丈夫なわけではないので、今日の対談もそうですが、特に重要なイベントを控えているときは、かなり体調には気をつけています。でも、どんなに気をつけていても、駄目になってしまうときがあって、それは本当にもどかしくて、いまの自分の身体の弱さをなんとかできたらなとは、正直、思います。

僕は仙拓以外にも何社か会社を経営しています。経営者である一方で、働いている会社もあります。仙拓はいつか上場させたくて、それに向けてＭＢＡの取得を目指して、いま大学院で学んでるんですよ。普段の仕事をこなしながら、夜中にＭＢＡの勉強もしてとなると、けっこうハードなんですけど。

でも、社員の前で「しんどい」なんて言ってたら社長はやれないので、なんとか工夫しながらやれているという感じです。

恩田　最悪なのは、すでに決まっている講演やイベントの出演の仕事に穴を開けてしまうことです。佐藤さんと同じように体調管理には気をつけていますが、やはり体調が悪い日だとずっと痰がからんでしまって、それが一日中続いてしまったりとか、唾液の量が多くて、ガーゼをずっと噛んでいたりとか、そういう日もあります。しかし、そういう姿をお仕事先に見せるわけにはいきません。そうなってしまうのは、プロ失格なので、そうならないように気をつけています。

佐藤　講演の穴を開けたくないのはすごくよくわかります。僕は会社を立ち上げて七年経ちますが、これまで二、三回は駄目だったんですよ。だいぶ前から準備していて、いままでにないくらい講演料も高くて、大々的にやってくれるという講演があったんですが、結局、体調が悪くてできなかった。

プロとしてそこは足りなかった。代わりの者でやれたらよかった。会社を立ち上げてから講演は全部、僕のマンパワーでやっていたんですが、だんだん社員を増やしていって、自分ではなくても会社がまわるようにしないといけない、と思うようになってきました。いまからどう頑張っても、この身体が元気百倍になるわけではない。どうしたら相手に迷惑をかけないかを考えて、会社の体制を、誰か一人だけに負担がかからないようにしないといけない、と考えています。

恩田　私の講演は、基本的に合成音声を使ったパワーポイントの映像を流す形式なので、講演本番のときには、座って映像を見て笑ったり、みなさん方を見たりするだけです。極論を言ってしまえば、パソコンだけあれば、私がいなくても一応最低限のお話はできます。

ただ、その場にいらっしゃるお客さんのうちの一部かもしれませんが、私の生の姿を見たい、社長に会いたいとおっしゃってくださる方もいるかもしれません。そういう方が「今日は恩田の体調が悪くて本人はいませんが、パワーポイントの資料があるので大丈夫です」と聞いた場合、その方たちの期待を裏切ってしまうことになります。

先ほど佐藤さんは「自分ではなくても会社がまわるようにしないといけない」とおっしゃっていましたが、佐藤さんにしかできないこともちろんあるでしょうし、私が生の姿を見せることで伝わることもあるはずです。

僕が死んだとしても

佐藤　そう言っていただけるのはありがたいです。僕の講演は、実際に会場に行ってお話しするパターンもありますし、テレビ電話でつないでお話しするパターンもあります。

恩田さんがおっしゃるように、テレビ電話で話したり、合成音声を流すだけではなくて、どれだけ時代が進んで便利なものがあふれてきても、講演会場に行って、目の前の人たちを感じながら、みんなと同じ温度で講演する。それを、僕は一番大事にしています。みんなと話をしたいですし、できることなら、現地に行って、お客さんをいじって、楽しみながらやりたいです。寝たきり社長を見てみたいという方もいるのでしょうから（笑）。

会社を立ち上げた頃に呼んでいただいた講演は、まだ誰かの講演の前座でした。もちろん、僕が主役ではありません。話しはじめても、最初はみんなつまらなそうにしているし、寝てしまう人もいる。どうしたらその人たちが講演を楽しめて、満足して帰ってもらえるか、いろいろ考えたら、僕だけが喋ったらあかんと気づいたんです。

縁起の悪い話ですけど、僕が死んだとしたら、仙拓という会社はなくなってしまうのか。そうなるのは絶対に嫌で、僕が死んだ後も仙拓が存続してくれたほうが嬉しい。松元は「俺とおまえの二人で立ち上げた会社だけど、会社の顔はおまえだから、やはりおまえがみんなから注目してもらえないと」と言ってくれるんですけど。

僕は自分だけが注目されることに限界を感じています。いままでは、まずは自分が注目され、次に会社が注目され、というステップだったんですが、もういまはそうじゃない。ほかにたくさんうちの会社から主役をつくっていくのが、これからの僕の仕事です。

恩田　私はまだとてもそこまで考えられません。やはり長年続けていらっしゃるのはさすがです。伊達じゃないですね。

佐藤　僕は最初、自分に注目してもらうことで精一杯だったんですけど、やはり仙拓は自分一人ではないと考えたときに、次の展開をどうしようかと思いを巡らしました。だから恩田さんも、だんだん会社が大きくなっていくと、社員が増え、それまで自分イコール会社だったのが、そうじゃないなと思ってくるときが絶対やってきます。すぐですよ、すぐ。

恩田　本論と少しずれてしまうかもしれませんが、私は自分の講演の質と評価は、お客さんの笑顔の量ではかれると思っています。私が動けない状態、喋れない状態で登場すると、どうしてもお客さんのほうが構えて硬くなってしまいます。

一度できてしまった距離を縮めるのが「笑い」だと思っています。佐藤さんはセンスがあってうらやましいです。私は真面目が服を着て歩いているような男なので、ネタを仕込むのが大変で。講演の内容を考えるときに、どこにどんな笑いを入れるかを考えるのが一番苦労するところです（笑）。

佐藤　恩田さんて……、真面目なんですか？（笑）　あの、真面目な人は自分で真面目って言わないんですよ（笑）。

僕もセンスはありません。センスがあると思うのは、松元なんですよ。彼は、ちょっと悪ふざけが過ぎるところがあるんですけど、やはり講演とかもこなしますし、突然当てられても喋れます。僕とはまったく対照的なんです。僕はそういうものをもって生まれてこなかったので、それをどう補って生きていこうかと考えています。

先ほど恩田さんは、僕にセンスがあるとおっしゃってくれましたが、僕はけっこう必死で、笑いをどうやって取ろうか考えて講演に臨んでいます。会社の中の話をしたりとか、いつも僕の講演についてきてくれる母に喋らせて、ツッコミを入れたりとかしています。

僕も笑いがどっかんどっかん取れるわけではありません。始めの頃は笑いなんか一度もなくて、いまやっと自分の講演で少しできるようになりました。恩田さんも自分に余裕が出てくると、笑いがとれるようになってくるでしょう。

部下を成長させる醍醐味

恩田　社長の仕事の最も大きな魅力は、最終的な意思決定ができることだと実感しています。自分がお客様のためになると思ったことを実行できます。それが成功して、お客様に笑顔になってもらえればすごく嬉しいし、失敗したら次はこうしようと考えられます。

佐藤　社長は会社の顔なので、僕は営業や広報の役割が多く、会社のなかでもっとも人と関わることが多いポジションです。最初にお客さんに触れるので、喜んでいただいたときの感想を最初に受け取れます。社長をしていて嬉しいことの一つです。社長は決定権があるので、やれることが多い。僕は自分でやりたいことを次々に実現していきたいほうなので、本当に楽しいです。

恩田　私は社員のアイデアも存分に試します。それもすごく楽しいことですね。

佐藤　いま仙拓は社員がどんどん増えていて、僕も彼らがやりたいことは片っ端から叶えてあげたいと考えています。攻めなければならないし、守らなければならない。自分が弱いと、そのどちらもできない。難しいポジションですが、一番自由で一番責任あるこの仕事にやりがいを感じます。

恩田　もう一つあげると、社長という肩書きで、私のような若造でも企業や行政のトップに会えること。私はＦＣ岐阜の社長時代、岐阜県のすべての市町村の行政トップとお会いできました。岐阜県の有名企業のトップともほぼお会いできて、いまも助けてもらっています。これは自分にとって大きな財産です。

佐藤　僕もまったく同じです。会社を立ち上げて、社長をやって、いろいろな人に会えました。子どもの頃、僕のことなんて近所の誰も知らなかった。親はあまり外に出したくなかった。そんな人間が大人になって、安倍総理大臣にも会いました。あちらが僕のことを知ってるんですよ。

　僕は阪神ファンで甲子園で試合を観るのが夢でした。この間、球団に招待していただいて、皇族が利用するような特別な部屋で、阪神のオーナーと一緒に観戦しました。

　子どもの頃は考えられないような人生を歩んでいます。仙拓を立ち上げて社長をやっていることで、いまの自分がある。たくさんの人との出会いがいまにつながっています。人とのご縁はとても大事ですね。

会社をやっていなかったら、恩田さんが連絡をくださることもなかったでしょうし、恩田さんとの対談本も出していないでしょう。この人と関わってみたい、会って話してみたいと思われる存在に、自分が少しずつなりつつあるだけでも、幸せなのかもしれません。

恩田　話が少しずれるかもしれませんが、トップの本当の醍醐味は部下を成長させることです。力のある部下を存分にいかして、思いきり動ける環境をつくってあげる。部下が会社にとって必要不可欠な人材になっていくのが、すごくおもしろい。部下の将来を考えるなら、部下が会社を辞めても、どこでも通用する力をつけさせるのが、最高の部下育成です。

佐藤　育てるのは大変ですね。うちで働いているメンバーは、いままで働いたことがなくて、社会経験が乏しい人が多い。自分ができていたかといえば、できてませんでした。僕は世の中の常識、マナー、モラルを何も理解しないで手探りの状態で仕事をしていましたから。人並みの仕事ができるようになるまで五、六年かかりました。

東京ミッドタウンで行われた「LIVES TOKYO 2017
～障がい者の働き方改革イベント～」で安倍昭恵さんと（佐藤）

どうしたら会社のスタッフの効率をアップできるか。僕は無駄や効率のわるさが嫌いです。社員には、自分のように一人前になるまでに長い時間をかけてほしくない。

社長は弱さをさらせ

佐藤 母校に遊びに行くと、後輩たちからは憧れの目で見られます「自分も将来、会社を立ち上げたい」と言うんです。でも僕は「どうして立ち上げたいの？」と質問したくなります。

僕がこういう仕事をしているのは運命だと感じています。自分のいまの役割は、障がいをもった人でも会社を起こせる、とまわりに示すことでも、障がい者社長を増やすことでもありません。理想は、障がい者が当たり前のように働ける社会をつくることです。だから、「障がいをもっているけれども社長になりたい」と相談してくる人には「やめておいたら？」と答えます。

よほど覚悟があるか抜き差しならない事情がある人でないと、立ち上げても続かないでしょう。そもそも障がいをもっている人がみんな働くことにこだわっているわけではない。そう考えると、僕と恩田さんは、働きたい気持ちが異常に高かったんだと思います。
　障がい者はどちらかというと、現状維持でいま生きていればそれでいい、と考えている人が多いのが現状です。そういう人が「僕もとりあえず社長になってみたい」と軽い気持ちで始めるのであれば、やらないほうがいい。

恩田　私もときどき障がい者の方から「自分も会社をつくりたいんだけど、どうすればいいの？」と相談を受けます。しかし「どういう会社をつくりたくて、どういうことを考えてらっしゃるんですか？」と訊くと、たいてい五分で話が終わってしまう。そのくらい思いつきで話している方がいっぱいいらっしゃいます。

佐藤　すごくあります。

恩田　それは障がい者にかぎった話ではありません。健常者も同じで、思いつきで話をしているのかなと思うことが多いです。無理して社長にならなくても、自分が本気で打ち込めるものを見つけて、それに向かって精一杯努力すればいい。それで輝いているイメージをもてるなら、それはそれでいいのではないかと思います。
　たまたま私の場合、それは社長というかたちだったけれども、そうではない立場で物事に打ち込むのも、まったくかまわないです。

佐藤　たしかにそうですね。障がい者が会社を立ち上げて活躍すれば強いとか、格好良いと思われる、と考えている人がいます。障がい者の社長に求められるのは、恩田さんの考えと違うかもしれませんが、弱さをさらすことではないでしょうか。

弱さを見せるというのは、格好悪いところを見せるという意味ではありません。僕は人の本当の強さって、自分が弱いと認めたときにしか見えてこないと考えます。人には見せたくない弱さの奥の、そのまたさらに奥のほうに、本当の強さってあるんだろうな、と思っています。

僕は仙拓の社長をして自分のことをさらしています。この身体で大変なこともあるんですが、それでもさらす。自分の弱さもしっかりと受け止めてやっていくぐらいの覚悟がないと、やはり続かないでしょう。

どういう人を雇いたいか

恩田　自分が思ったときにすぐに動けないのが、健常者社長との大きな違いです。

ＦＣ岐阜の社長時代には、身体が動くかぎり現場に出るのが私のやり方です。たとえば、試合の準備に横断幕を縛ったり、グラウンドに白線を引いたり、自らいろいろなことをやりました。自分で見て、聞いて、感じて、確かめる。

ほかのクラブの社長さんでそういうことをしている人は、おそらくいなかったんじゃないかなと思います。楽しかったです。いま、そういう自由さはありませんが、会社を思う気持ちは、障がい者社長であろうが、健常者社長であろうが、変わらないでしょう。

佐藤　僕は生まれたときからこういう身体だったので、要するに、止まってるんですよ、ここで。自分がここで止まって、まわりをずっと見ていると、見えない世界が見えてくるんです。これは自分が特化していると思える能力です。

僕はけっこう子どもの頃から人の観察をしています。今回の対談でも、ここに十人前後の人がいますが、だいたいみんなの性格とか考え方とかもわかってくる。その場にいる人数が多い場合、誰をおさえないといけないかもわかります。

障がい者社長は身体的なハンディがあるけど、僕は、まわりがよく見えているつもりで、そのおかげで自分はここまでやってこられたともいえます。そこはたぶん健常者の社長とはちょっと違うのかな。
恩田さんの言うように、もっと自由だったらよかったのにとも思うけど、自分が自由に動けるなら、いま言った能力が身につかなかったでしょう。それを考えると、どっちもいいかと思いますね。

恩田　従業員の採用はどうされていますか？

佐藤　うちは障がいの度合いに関係なく、完全能力重視です。ウェブデザインをはじめ、システム、印刷物のデザインなどの能力をもった人を最重視して雇っています。

恩田　うちの場合は、仕事ができることはもちろんですが、もう一つ加えると、どういうふうに人に見られているか、きちんと気づける感覚をもった人ですね。
佐藤さんはまわりが見えるとおっしゃっていましたが、私も五感はいきているので、まわりを見たり聞いたりできます。次はこういうことをやらないといけない、などいろいろ考えています。
しかし、自分で喋れないので、どうしてもコミュニケーションに対するレスポンスが遅れます。なので自分が気づいていても、即時の気遣いや行動がなかなかできません。結果として、私のまわりの人の言動が、私の意図として受け取られてしまいます。

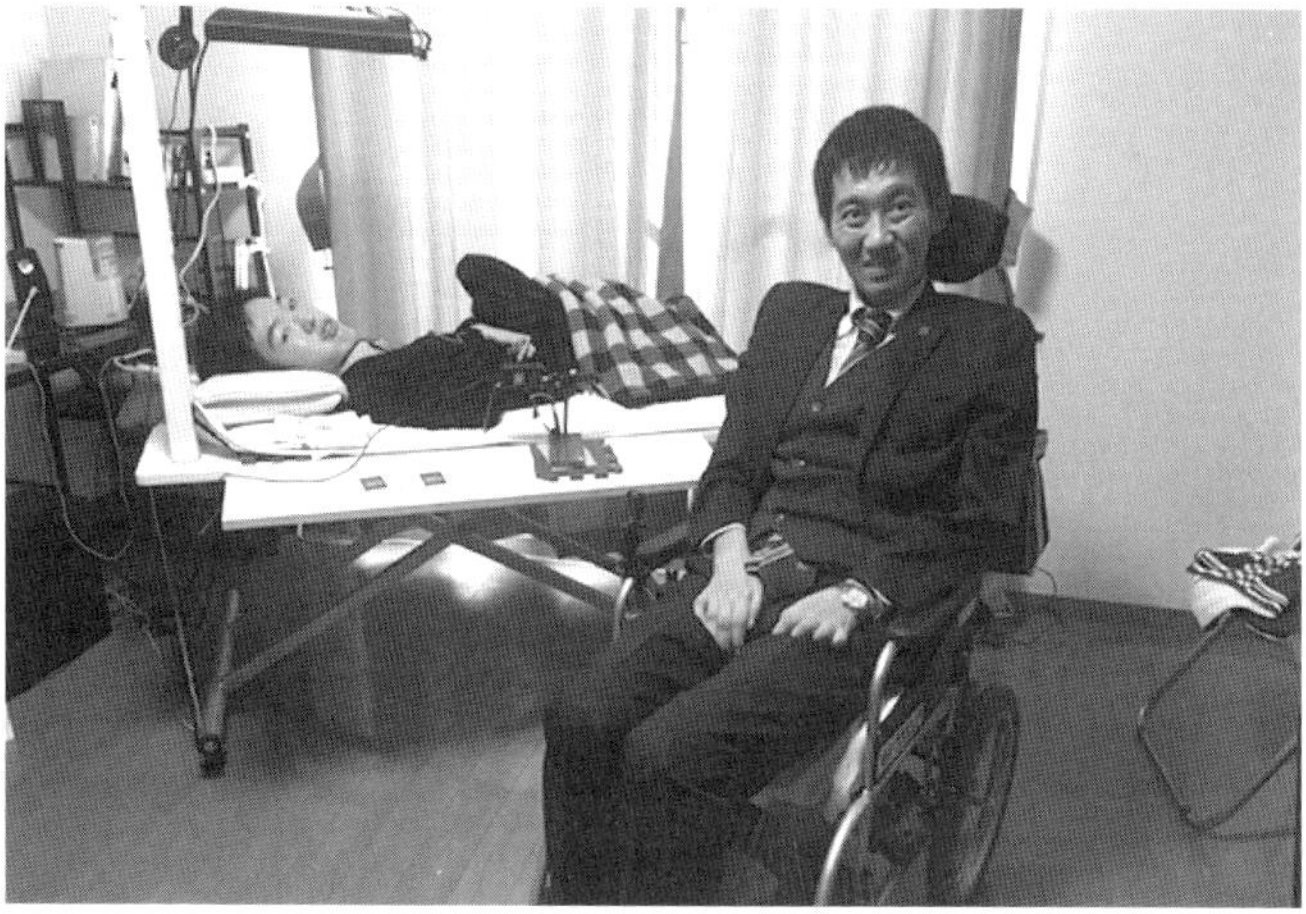

私より一回りも若いのに、力強く輝いて見える佐藤さん。
はじめて会った日、私のなかに勇気が湧いてきた（恩田）

そこまで理解したうえで、まんまる笑店ではどうしないといけないのかを考えて、私と思いを一緒にして「じゃあ、こうしよう」と判断できる人、見られる感覚がわかる人が欲しいですね。

佐藤　なるほど。先ほど僕は能力重視と言いましたが、採用するとき、最後に必ずやっていることがあります。何のために働いているのか、何のために働きたいかを、その人に答えてもらう。意味もなく働くのは良くありません。

「お金を稼ぎたい」「子どものために働きたい」「会社に貢献したい」「人の役に立ちたい」。どんな理由でもいいんですよ。僕はスタッフ全員の顔と、その人が何のために働きたいのかは、常に自分の頭の中に入れておきたい。何のために働きたいのかを、自分の口でしっかりと言える人は、もしかしたら最重視しているかもしれません。

恩田　障がい者の就職活動について、何か感じていることはありますか？

佐藤　うちの会社には障がいをもった人から大量にメールが届きます。働きたいので雇ってほしいという内容です。テレビとか新聞で紹介された直後は、特にすごいです。

ただ、そういう人たちのために、あえてはっきり言わせてもらえば、企業へのアプローチのしかたがあまりにも下手すぎる。これを就職活動として行っているのであれば、きつい言い方で申し訳ないけれども、障がい者はあまりにも下手すぎます。

具体的に説明します。うちの会社に届いたメールを見ると、一行目に自分の障がいの説明。二文目に「雇ってください」。これで終わり。ほかにも、一行目に「私は働いたことがありません」。二文目に「雇ってください」。これで終わりです。

これ、うちじゃなくてほかの企業でも雇ってもらえるわけないですよ。応募者がどんな人なのかわからない。ましてや自分が困っているから助けて、というスタンスでは仕事はできないでしょう。

上手な人は、自分は何ができるのかアピールできるんですけど、残念ながら、圧倒的に、「私は大変なんです」「働いたことがありません」「ずっと病院生活でした」「だから雇ってください」です。

障がいをもっていて大変なのはわかるし、できることに制約があるのもわかります。でも仕事はやはり、その人がその会社で働き、誰かの役に立ち、社会の役に立ち、そのことに対してお客さんがお金を払い、それが給料となるわけです。「かわいそうだから雇ってください」と言ってくるのは、まったく筋が通っていません。

そういうことを平気で言う人が、僕のまわりにもあまりにも多すぎて、まずはそこを変えたほうがいい。たぶんそういう人たちは、自分と向き合っていなくて、自分自身をまだわかっていないから、相手に伝えることができないと思うんですよ。
まず自分の障がいに目を逸らさずに、きちんと向き合ってもらいたい。そうすれば、弱いところも見えてくるけど、絶対、強いところも見えてくるはずです。自分でそこを見極めたうえで、就職活動をやってもらいたいですね。

恩田　自分は障がい者として就職活動したことも、人事担当者として障がいをおもちの方を雇用したこともないので、なんともいえないところではありますが、一つ企業側にお願いしたいことがあります。
障がい者を雇用するとき、その方が戦力になるかどうかを真剣に考えて、見極めて採用してほしい。法律で決められた障がい者の雇用率を達成することを優先して考えてほしくないですね。そうしないと長い目で見れば、障がい者の仕事はうまくいかないでしょう。

佐藤　僕も障がい者の法定雇用率のパーセンテージはどうでもいいと考えています。恩田さんは、仙拓の障がい者雇用率は何パーセントだと思いますか？

恩田　八十パーセントくらいですか？

佐藤　答えは、ゼロパーセントなんです。まず僕と松元は役員なので、そのパーセンテージには関係ありません。ほかの社員も障がいのある人がほとんどなんですが、その人たちはなかなか週に二十時間以上働くことができません。短時間労働者という扱いになります。短時間労働者は、障がい者の雇用率に反映されないんですよ。そのため、うちの会社は、数字上は障がい者は働いていないとみなされます。

これだけ障がい者が働いているのに、ゼロパーセントです。会社によってはパーセンテージが高ければ高いほど名誉だと思うかもしれません。僕はゼロだろうが百だろうが、それはどうでもいい。ただうちで働いているメンバーは、本当に能力が高いです。たぶん僕は彼らを、障がいがあってもなくても雇っているはずです。

恩田さんが言うように、数字にこだわって雇用すると、会社も成長しないし、本当の意味で評価はされないでしょう。

「大変そう」を「すごい」に変える

佐藤　僕は、自分にスポットライトが当たるように努力はしてきたつもりです。こういうことが得意か得意じゃないかといったら、たぶんたまたま得意だったと思うんですよ。

でも、優れた能力をもっていても、なかなかそれを発揮できない障がい者がいる。発揮できる障がい者もいる。僕は、障がい者はスポットライトを浴びるのではなくて、自分が光源となって、スポットライトをどんな方向にでも照らすことができる力を手にいれたい。

僕は自分自身が、世の中の障がいをもった方たちが彩りを出せるようにできる存在になって、もっともっと社会をいろいろな色でいっぱいにしていきたいです。

恩田　私はこの一年活動してきて、ALSの世界では全国区の知名度を得ることができたと思っています。でもそれは、すごく狭い世界のことで、健常者の世界には届いていないなあ、とも感じています。

健常者と障がい者の世界は、あまりにも隔たりが大きい。障がい者の世界の出来事は、健常者の世界には届かない。私が健常者であったときに、障がい者の世界のことをほとんど何も知らなかったのが、その証しです。ただ、それではお互い助け合うことも理解し合うこともできない。

　だから、社長になった障がい者が、たとえば健常者をたくさん雇う。そうやって、健常者、障がい者という分け方をしないでいい社会をつくっていければいいなと思います。

佐藤　僕も最近は、自分のことを知ってくださる方が増えてきて、外出すると、ぜんぜん知らない人から「フェイスブックで佐藤さんの投稿いつも見てます」とか「この間、テレビで見ました」とか、言われることがあります。

　昔は、健常者が障がい者を見かけると「かわいそう」「大変そう」と思うことが多かったようですが、いまは、どちらかというと「すごいですね」「頑張ってますね」と応援してくれる声を多く感じます。

　そういったことは、障がい者の世界だけで広まっていても変わらない。インパクトのあることをこれからやっていかないと、障がい者と健常者の壁は、縮まらないままでしょう。もっと精力的に活動していきたいです。

彼が子どもたちに勇気を与えた

東海中央ボーイズ　顧問　蔵満秀規

五年くらい前にある方とお会いしたとき、斬新なデザインの名刺を一枚受け取りました。とてもよく目立つ名刺で私も欲しくなり、どこで作っているのか、その方に尋ねました。すると「その名刺制作会社の人はすぐには営業に来られない」と言われました。「来られないとは？」と質問したら「障がいをもっている人で」とのこと。

私はそのデザインの名刺がすぐ欲しかったので、翌日、佐藤さんの会社に直接行きました。そこではじめて佐藤さんとお会いしたのですが、ここまで重度の障がいだとはまったく予想していませんでした。同時に、障がいをもちながら、会社の経営をしていることに驚きました。

ちょうどその頃、私は中学生の硬式野球チーム「東海中央ボーイズ」の立ち上げに、竹脇総監督と奮闘中。いま五年目で百十人を超えていますが、当初は九人そろうかそろわないかぐらいの規模。チームには、ボールを速く投げられなかったり、走るのが遅かったりして、悩みを抱えた子が多くいました。

そこで佐藤さんにチームの名誉顧問になっていただき、講演をしてもらいました。子どもたちに彼はこう言いました。「ボールを速く投げられなくてもいいじゃない。速く走れなくてもいいじゃない。僕はボールを握ることもできないし、歩くこともできない。それでも社長をやってます。だから、みんな悲観せずに、五体満足なことだけでも親に感謝して頑張れ」と。その話を聞いた子どもたちのうちの三人が、全国高校野球で甲子園に行きました。

私は仕事柄、私の住んでいる東海市から障がい者福祉について全国へ発信したいと思い、市へ彼の活躍を報告したところ「ぜひ、ふるさと大使へ」との話が舞い込んできた。重度の障がい者がふるさと大使になったのは、たぶん全国でも初めてではないでしょうか。

重度の障がいをおもちの人は、なかなか外に出られないので、社会で活躍している人が少ない。佐藤さんはむしろご自分の障がいを武器にして闘っている。そういうところに私は感銘を受けました。多くの人に勇気を与えられる存在として、彼のますますの活躍を期待しています。

処方箋 4

人生に対して

いつか会社を上場させる

恩田　会社の今後のことについて言うと、まずはまんまる笑店の経営を安定させることが第一だと考えています。それが叶った暁には、私の心の思うままになっていくことでしょう。とにかく一人でも多くの人を笑顔にして、健常者の世界と障がい者の世界の分断をなくして、社名通り、大きなまんまるをつくっていきたいです。

佐藤　僕は、いつか仙拓を上場させたい。この対談でも再三言っていますが、講演で話すと、来場者のみなさんは、まず百パーセントの確率で笑います。僕は大真面目に言ってるんですけど、どうして笑うのかなあ……。

うちの会社は健常者もいますが、大半が障がい者で、社長の僕自身がこういう状態じゃないですか。こんな障がいをもった人が多く働いている会社が、上場できたら社会的にかなりインパクトがあるでしょう。そうすると、障がい者は働けない、という見られ方が一気に変わるはずです。

僕もできることなら、多くの人と一人ひとり関わりながら、健常者と障がい者の間にある壁を一つひとつ壊していけたらいいなと思っているんですけど、このペースだと何百年かかるのかなと限界を感じています。

みんなで社会的に衝撃的なことをやらないと、見られ方ってすぐには変わらない。僕はやはり、自分の会社、仙拓を上場させて、障がい者のあり方をガラッと変えたいという目標があります。

恩田　なぜ株式会社をつくったのかとよく質問されます。「障がい者なら、NPO法人のほうが税金的に有利だし、普通はNPOでしょ？」と言われるのがすごく不思議かつ不本意でした。最も一般的である「株式会社」を私はつくり、普通にやっているだけなのに、そういう言われ方をするんだなと考えさせられました。

私には障がい者の自覚があまりないけど、まわりはそう見る。だから、それを変えて、普通に税金を収めて、障がい者も当たり前に働けることを示したい。

佐藤　ありますよね、障がい者だからこうだろう、という固定観念のようなもの。今回の対談で僕はまずそれを言おうと思っていました。

障がい者を天使のように思っている人がいます。なんで障がい者が天使なんでしょうか。障がい者といっても、障がいの程度に幅はあるし、良い人もいれば、そうでない人もいる。賢い人もいれば、遊ぶだけの人もいるし、才能を発揮できる人もいれば、なかなか才能を見せられない人もいる。

障がい者というカテゴリーに分けられてしまうと、本当に生きづらくなります。だから僕は、寝たきりだけど社長をやっているとか、障がい者がやらなそうなことをやりたかった。

うちの会社は障がい者雇用もしているし、真面目な印象をもたれていると思うんですけど、数年前に、スマホのアプリで萌え系のゲームを開発しました。すると、2チャンネルとかで叩かれるんですよ。「あの会社、ヤバイ」と言われる。障がい者だからこれはやらないだろうと思われるのが僕は嫌です。

恩田さんはいまやりたいことはありますか？　僕は将来、仕事が落ち着いたら、アイドルのプロデュースをやってみたい。実際、やりたいと思っているし、やらなそうなことをやってみたい、というのはたくさんありますね。

恩田　今度、岐阜県にある上場企業で新卒社員の研修をさせていただきます。たぶん新卒の人たちは、私の姿を見て「本当に話ができるの？」と、最初は思うでしょう。その印象を覆すのが、いまから楽しみです。最後に「あなたたちに心配してもらわなくても大丈夫」と言える展開にしたい。何かが伝わって、変わってもらえたらいい。

辞めるのは絶対に許さない！

佐藤　障がいをもった人たちの社会進出がだんだんと増えています。障がい者雇用はいまテレビでも取り上げられることがあるし、ちょっとしたブームのようになっている気がします。

ただ、企業は障がい者雇用を積極的にやりたいわけではない気がします。障がいをもった人を雇い入れるにも、エレベーターがないとか、車椅子が通れないとか、誰でもトイレがないといったことがわかって、それらを解消するには設備費がかかります。

障がい者と関わったことのない経営者が、障がい者雇用をやらないといけない、と思いはじめていますが、そもそもそれが問題ではないでしょうか。健常者も障がい者もともに働ける社会をつくっていこう、という本来の目的を忘れて、「法定雇用率」そのものを意識して障がい者を雇うのは本末転倒だと感じます。

女性の職場での活躍を推進するといいますけど、女性は活躍してなかったのかといえば、違うじゃないですか。ブームみたいな障がい者雇用は個人的にすごく嫌で、これからの障がい者雇用は、本当にやりたくない会社は、僕はやらなくてもいいと思っています。中途半端にはやらないほうがいい。

これから日本の人口が減少し、人手が足りなくなり、健常者が来なくなる。求人情報を出しても応募がなく、いま海外から人を集めている。何年先かわからないですけど、障がい者をきちんと戦力にできる会社と、やれなくて戦力が足りない会社と、大きく二つに分かれると思っています。会社の本当の意味の戦力になりうるような雇い入れ方をしないと、上からの障がい者雇用では難しい時代に入っていくと思いますね。

恩田　いまの日本の企業の共通の課題は、いかに優秀な人材を確保するかです。人口が減っていくなか、健常者と呼ばれる人たちのなかだけから優秀な人材を得るのは難しくなってきています。では、どうすればいいか。

障がい者はもちろん、お子さんのいる女性とか、リタイアした後の高齢者とか、LGBTの方とか、さまざまな特性をもった人のなかから、優秀な人材を確保することが、今後、企業にとって大事なことになってくるでしょう。

たとえば私のように、ある日突然、難病が発症した、あるいは事故でケガをしたことで障がいをもってしまった人がいたとします。ところが、多くの企業では、障がい者が使えるトイレがない、通勤手段はどうするんだとなります。すると、ああ、もうこの会社で働くのを諦めるしかない、という事態に陥ります。

しかし、環境が整っていれば、たとえ障がいをもっても十分役に立てます。いまや出社しなくても仕事できる時代です。そういう会社であれば、優秀な人材が集まりやすくなるし、それは会社にとっても大きな武器になるでしょう。現在、いくつかの企業に、たとえば社員がALSになっても働き続けられる企業、環境をつくりませんか？　という提案をしている最中です。

佐藤　うちの会社の社員はいま七人います。僕と松元に続く三番目の社員、実質初めての新メンバーが、大阪在住の筋ジストロフィーの男性で、恩田さんくらいの年齢なんですけど、すごく頭がいいんですよ。

数学がとても得意な人で、仙拓のウェブサイトのアクセス解析をやってくれたりもしています。彼はほぼ喋れなくて、手もぜんぜん動かせなくて、胃ろうのケアも必要で、という身体ながら、週に二、三日、在宅で一時間くらいずつ働いてくれていました。ところが、家族の人が面倒もみられない状態になって、家で過ごすにはもう限界ということで、病院で暮らさなければならなくなりました。

彼が僕にこう言いました。「社長、もう僕、こんな状態で、これ以上迷惑をかけた

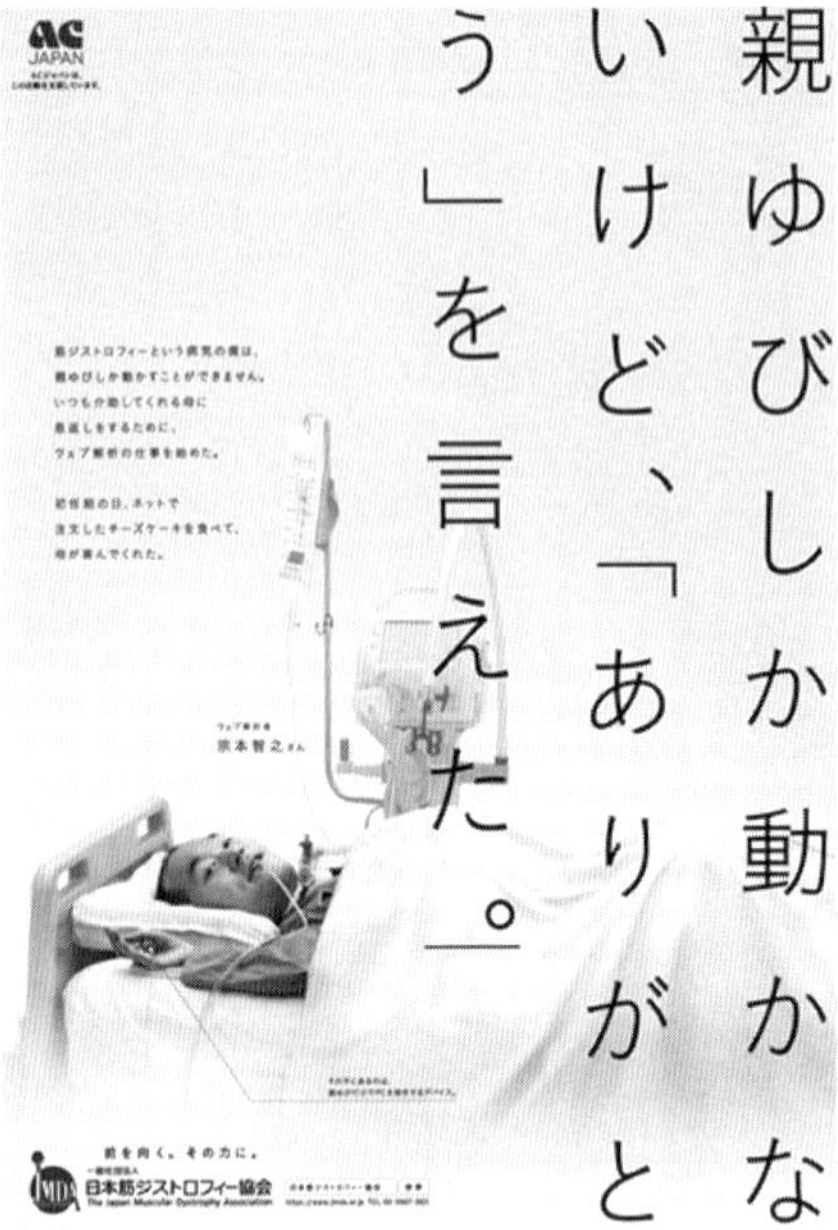

仙拓の社員がACジャパンの広告に登場（佐藤）

くないので、会社、辞めます」と。迷惑をかけると言うけど、具体的にどんな迷惑をかけるのか、僕は聞いてないんですよ。

それまではちゃんと時間通りに働いていたんですけど、病院だと、医者や看護師の都合があったり、リハビリもあったりで、決められた時間に働けません、と言うんです。「じゃあ、会社の規則通りの時間でなくても、自分のスタイルで働いていいですよ」と伝えました。それでも彼は、病院に入るまでになった自分はもう役に立たないからって、もう、辞めると言うんです。

僕は「辞めるのは絶対に許さない！」と強く言いました。なんとか続けてもらうことになったんですが、自分が一番迷惑をかけると言っていた彼が、なんとACジャパンのCMの主演になったんですよ。仙拓という社名は出ないものの、こういう状況でも働けるんだ、という彼の頑張る姿が、全国にバンバン流れることになりました。

これって、すごいことじゃないですか。僕らのような経営者が臨機応変に考えるだけで障がい者が働き続けられることが、あのときにわかった。柔軟に対応するのが大事だなと気づきましたね。

恩田　私もALSに罹患してから、多くのALS患者さんたちとお会いしたのですが、そのなかにびっくりするほど優秀な人たちがいました。そういう人たちが障がい者と呼ばれる人たちの世界に、ちゃんといることを知っているので、それを広めていくことはとても有意義なことだし、意味のあることだと思っています。

佐藤　恩田さんと出会ってすぐ、直感的に対談本を出そうと考えました。障がいをもって働いている人は世の中にいっぱいいて、僕は、そういう人たちとのつながりが多いほうだと自負しています。彼らのためにも、「これは叶えなあかん」と思って、今日のこの場までやってきました。

恩田さんがいることで説得力が出てくるし、僕と恩田さんじゃないとわからないこともあるし、僕と恩田さんでも違うところがある。恩田さんとこうして対談することで、お互いの人生に何か相乗効果が生まれるんじゃないかな。

社会的な弱者だと思ったことがない

佐藤　障がいをもった人は、みんな口を揃えて「会社が雇ってくれない」と言います。僕も実際、そう言っていました。僕がいろんな立場を経て思うのが、そう嘆いている障がい者は、本当に会社に雇ってもらうだけの能力があるのか、自分をしっかり見つめてほしい、ということです。

これを健常者が社長をやっている会社がメディアで言った日には、大バッシングを喰らうと思うんですけど、僕はあえて言っておく必要があると感じています。障がいをもった人たちは、どうしても社会経験が足りない傾向があるので、その会社で働くための能力を身につける努力をしなければならない。

これまで「雇ってもらえない。じゃあ、いいや」と嘆く障がい者を多く見てきました。僕よりぜんぜん障がいの軽い人が、簡単に諦めている。「働けない。でも障害年金があるからいいや」と。それは違うでしょ。

障がい者が社会に出て働くための能力をつけるために、いろいろなことを経験して、自分を高める努力をしてほしい。就職活動当時の自分を思い出し、自戒の念を込めて言いたいことです。

健常者に訊くと、人生でまだ一度も障がい者に会ったことがない、という人がいます。そんなわけないでしょ、と言いたい。絶対、見かけているはずなんです。街へ出れば車椅子に乗った人がいるじゃないですか。ハンディをもっている人がいるじゃないですか。健常者の人って、見ないように見ないようにしている。自分の視界から消しているんですよ。

少し前に、中途障がいで車椅子に乗ることになった人と話しました。「車椅子になって気づいたんですけど、街に出ると、車椅子の人ってけっこういるんですね」と驚いていました。歩いていたときは目に入らなかったけど、自分が同じ立場になった途端、「あの人もそうだ」と気づくそうです。

健常者の人にも自分が当事者になる前に、もう少し広い視野で世界を見てもらえたら嬉しい。障がい者だけを見てほしいと言うつもりはありませんが、いろいろな人を見て、喋って、関わって、こういう人もいるんだ、と気づいてもらえたら、健常者にも障がい者にも、お互いにとっていいと思います。

恩田　よく障がい者の方で、自分たちの権利ばかり主張している方がいます。たとえば、「我々の人権を守れ」と叫んだり、エレベーターで「ボタンを押せ」と命令している方は、私はあまり好きではありません。

それは、自分たちは守られるべき存在だと主張しているのと一緒で、最初から自分たちを区別してしまっている。そうではなくて、健常者も障がい者も使いやすい場所や施設はどういうものか考えないといけない。お互いを障がい者、健常者というくくりで分けないことが大切です。

佐藤　障がい者の環境は、十年前といまとでは大きく違ってきています。この間、厚生労働省の元職員さんと話していて、昔の障がい者といまの障がい者の違いを教えてもらいました。いまの障がい者はパワーがないんだそうです。

昔の障がい者は、先ほどの恩田さんのお話のように、エレベーターでボタンを押せと言ったり、俺らの人権を守れと運動を起こしたりしました。しかし次第に障がいをもった人たちが生活しやすい制度ができてきて、声高に主張しなくてもよくなってきた。かつ、自分は障がい者だから働かない、と言うのです。

つまり、自分たちの環境を変えようともしなければ、社会に出て働いて役に立とうともしない。いまある環境、制度、手当で生きていれば、何もしなくていいんだ、と考える障がい者が、年々増えているとのことでした。

その元厚生労働省の人に「佐藤さんのような人は本当に珍しいです」と言われたんです。ほめられているのか馬鹿にされているのかわかりませんでした。そうした障がい者には「いまある環境に満足するだけの人生はやめようよ」と僕は言いたいですね。

恩田　障がい者を社会の弱者にしているのは、障がい者自身かもしれないですね。

佐藤　僕は身体的な弱者だとは思ってますけど、社会的な弱者だと思ったことは一度もありません。僕と恩田さんにかぎらず、社会を生き抜いていくなかで理不尽なことってたくさんあると思うんですよ。障がい者とか健常者とか関係なく、守っているだけでは駄目ですね。手に入れたいものは自分で手に入れないと。

ヘルパーさん問題を考える

恩田　現在の制度の話になりますが、家族が介護する前提でヘルパーさんが来る時間数を決めていることに疑問を感じます。我々は福祉サービスとして一カ月に一定の時間数だけ、ヘルパーさんを公費で頼めるか決められています。たとえば、人工呼吸器を付けたら二十四時間体制が求められますが、「深夜は奥さんがいるからヘルパーはいらないですね」などと普通に言われます。では妻はいつ寝ればいいのでしょうか。

佐藤　僕らはヘルパーさんに来てもらえる時間が決まっているのですが、それは住んでいる市区町村が判断して決めるのですよね。この人はヘルパーが必要か、必要ならどういう内容で、どういう頻度なのか、もろもろのことを行政が勘案する。ここも実は公平じゃないんですよ、行政とはいえ。市区町村によって、財政状況が異なりますし、窓口の担当者によっても判断が違ってくる。

もう一つ、経済活動中にはヘルパーさんの介助はできない。この間、直接、厚生労働省の現職の人にメールを送ったんですよ。僕はいままで、経済活動中にヘルパーさんに来てもらえないのはおかしい、と言っていた側でした。ところが、いろいろ話をうかがって、それは簡単には言えないことがわかりました。

経済活動中にヘルパーさんに来てもらえるのをＯＫにすると、残念ながら、障がいをもっている人のなかにも変な人はいるので、ヘルパーさんに仕事をやらせる障がい者もでてくるんだそうです。そこは本来の目的とは違うので、経済活動中にヘルパーさんの介助は受けられない、という一文を国が示しています。

ただ、国はあくまで一文でそう言っているだけで、細かいことは規定せず、曖昧にしているんですね。だから、あとは市区町村の判断になっているんです。どこからどこまでが仕事か、住んでいる市区町村の自治体がＯＫと判断するなら、それでいいんですよ。

もちろんヘルパーさんの労働が発生しているので、市としてお金はかかっている。ただ、僕は窓口の人に「僕が外に出やすくなって活動することで得られる市のメリットも考えてほしい」と主張しています。

障がいをもった人たちは、福祉サービスを受けるだけではなくて「自分はこれだけ外に出られるようになった」「これだけ社会生活ができるようになった」「こんなことをお返しできますよ」とアピールすることも大事だと考えています。

僕はいま東海市の「ふるさと大使」を務めていて、これから精力的に東海市の宣伝をしていくつもりです。恩田さんもどんどん活躍すれば、岐阜市も有名になるのではないでしょうか。

一般社会のスーパーヒーローになる

佐藤　僕の親は医者から「この子は五歳から十歳の間くらいに亡くなってしまうでしょう」と言われていました。だから、両親は僕がどんな大人になるかなんて、まったくイメージしていませんでした。いずれ死んでしまうという意識だったので。障がいをもった子どもにかぎらず、みんな、いまを大事に生きてほしいです。切実にそう思います。

　僕は幸いにして、いまこの瞬間を生きていますが、学校に通っていたときは、一年間で何回も教室で黙禱を経験しています。何人かのクラスメイトが死んでしまうんです。ある同級生が「僕も死んじゃうのかな」と言ってすごく怯えていました。その子は、それから一年も経たないうちに亡くなりました。

　生きているのが当たり前ではないことを、いまを生きる人たちに改めて感じてほしいんです。若い人は将来も大事だけど、いまも大事にしてほしい。障がい者、健常者にかぎらず、人生を楽しんで生きてもらいたいです。

　障がいをもって生まれた子どもたちは、大人になったときに働く場所がなかったり、不憫な思いをしたりしないよう、僕と恩田さんでいまから変えていくから、安心して未来を待っていてほしいと言いたいですね。

恩田　障がいをもっていようがいまいが、人は諦めなければ何でもできる。可能性を信じて、思うことを全力でやってほしい。それを伝えたいです。

佐藤　障がいのあるお子さんと会うにつれて、僕は、この時代にできないことはほと

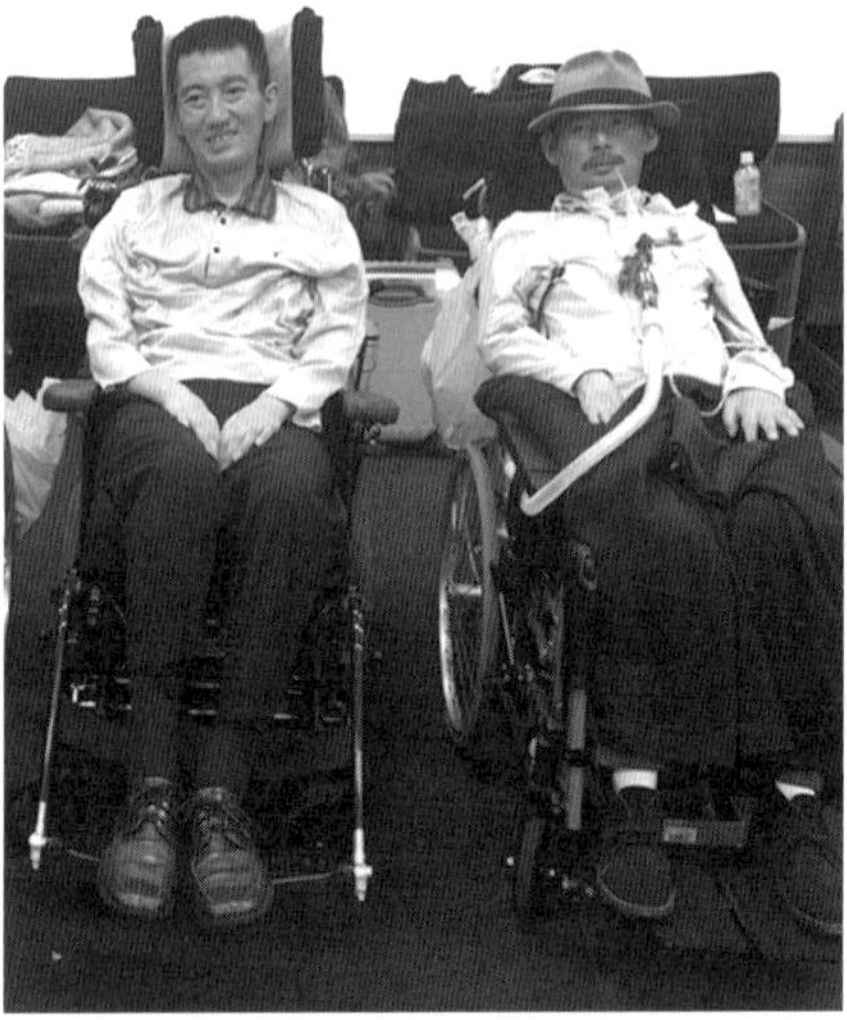

日本ALS協会会長の岡部宏生さんと（恩田）

んどないんだなと実感しています。いま恩田さんが言われた通り、諦めないでやってもらいたいし、本当にやりたいことであれば、中途半端にはやらないでほしい。

本当に人生で叶えたいことは、最低でも十年かけて実現する覚悟が必要です。十年かけて努力して、それでも叶わない夢って、そうそうない。それでも叶わないのは、何かやり方が違うのかもしれない。そのときは僕に連絡してください（笑）。

恩田　障がい者のスーパーヒーローは誰か、と訊かれたら、私は日本ALS協会の会長である岡部宏生さんを挙げます。岡部さんはご自身もALSを患っていながら、月二十回外出して、日本中のALS患者さんとお会いしています。

私がALSでも自分らしく楽しく生きられると確信したのは、岡部さんにお会いして、その行動を見たからです。私が「いま困っています」とメールを送ったら、すぐに東京から岐阜までいらしてくれて、私の相談を親身に聞いてくださいました。

私もこれからALSになる患者さんにとっての岡部さんになりたい、と思って行動しています。

佐藤　僕は、障がい者の世界にスーパーヒーローがいたらいけないと思っています。ヒーローって一人だけじゃないですか。

僕が母校に行くと、先生や後輩が「佐藤さんは特別です」と紹介します。何が特別なのか僕にはさっぱりわからない。僕からすれば、みんな特別なんですよ。みんな同じくらい可能性をもっていて、ただ、それを自分でうまく表現できなかったり、発揮できないだけの話です。

強いていうなら、僕は一人だけのヒーローを出さないようにするためのヒーローになりたいです。つまり、みんなをヒーローにできるようなヒーローになりたい。だから僕は、この人みたいになりたい、と思う障がい者はいないですね。

恩田　先ほど話したことの補足ですが、ALSの世界だけのヒーローではなくて、私は一般社会のスーパーヒーローになることが健常者と障がい者の壁を壊すことになると思います。だから私も佐藤さんも一般社会のスーパーヒーローになりましょう。

佐藤　そうですね！　僕もなります（笑）。個人的な話をすると、僕にとっての救世主は、一緒に会社を立ち上げた松元かもしれません。僕には厳しいヤツなんですけど、彼が身近にいて、一緒に会社を起こして、いまこういう活動ができている。偶然とは思えない。特別な縁があったのかな。

僕は自分が特別というより、まわりに特別な人がいっぱいいたから、自分がこういう立ち位置に来られただけなので、そんな僕でもいいなら、スーパーヒーローになりたいなと思いますね。恩田さんには負けません（笑）。

障がい者の経営が想定されていない

恩田　いま障がい者を雇用するための制度が充実しています。佐藤さんのお話のなかにもあった通り、一般企業が障がいをおもちの方を何パーセント雇用しましょうと、促進させる法律があります。また、車椅子用のトイレ、エレベーターなど、障がいをもった人でも使いやすい設備を整えるための補助金が出ます。

障がいをおもちの方が一般企業で働きやすくなるよう、次第に環境が整ってきている状況です。ところが、障がい者が起業して経営者になることに関しては、障がい者の起業家を応援したり、補助金を出すような環境はまったく整っていない状況です。

経済活動をしているときは福祉サービスを受けられません。しかし、一般企業に雇用される障がい者は通勤のときなど、企業側で保障されている制度で何かしらの手段を用意してもらえることもあるでしょう。そうやって、公的な制度と企業の制度が噛み合っているケースが多い。

そういったことは、障がいをもった社長には保障されていないので、どこかに仕事で行くとなったら、ヘルパーさんを自分のお金で頼んだり、坂田のような立場の人間をつくらないといけない。現在は、障がいのある人が経営することを想定していない制度になっていると感じています。

重度障がいの人は、どうしても身体的にできることとできないことがあります。また同じ病気でも症状の程度、ケアの方法が一人ひとり違います。

雇用されている状態では自分の自由にはできませんが、社長であれば、体調が悪いときは仕事を抑えめにしたり、ある程度自由に行動できます。障がい者がみんな社長になればいいとは思っていませんが、より自分に合った方法で働けるという意味では、経営者になるといろいろメリットがあります。

重度の障がいをもっている人ほど、起業して、自分の会社をつくったほうがいいのではないかと考えています。ぜひ、そういったことも含めて、今後、制度をつくっていっていただけるとありがたいです。

障がい者雇用についていうと、障がい者を補佐する立場の人に対して、人件費として補助金が出ますが、それは、その障がい者が従業員である場合です。障がい者が経営者である場合は認められません。ＦＣ岐阜で社長をしていたときもそうですが、いまも人件費を補助金で賄うことはできない。従業員と経営者の立場が違うことで、補助金が出る・出ないの違いができてしまう。

佐藤　制度が現状に追いついてませんね。これだけ障がい者が働けるようになったのは、やはりＩＴの発展があったからだと思いますが、行政は何をやっても遅いです。

ＩＴが発展してくるにつれて、障がい者の働きやすい環境が整ってきて、社会から見られる障がい者のイメージも、少しずつですが変わってきた。僕らがこうやってメディアに取り上げられるのも、二十年前だったらありえなかったでしょう。障がい者が社会的に認められるようになってきた。社会全体が良い方向に進んでいます。

僕や恩田さんがこうやって、自分たちの活動を発信することが、行政を動かす大きなポイントになるので、これからが新しい時代なのかな、と思っています。

恩田　いまある制度のなかでやれることを最大限やりつつ、障がい者の可能性を示していくことが必要ですね。不満はあるけれども、それも含めて発信していく。障がい者がこれだけ働けると知ってもらうことが、行政や企業を動かす力になるでしょう。

ITが助けてくれる

佐藤　テクノロジーの進化は僕たちにとって本当に助かっている。

僕は、通常のタイプのマウスが使えません。だから、自分で使えるマウスを探さなければなりませんでした。僕はいまトラックボールの小型タイプを使っています。小さい玉を親指で転がして操作します。

普通のスイッチは押せないので、父親が改造してくれて、別のスイッチがハンダ付けしてあります。左手の親指で、数グラムの圧力で押して使います。

文字の入力は普通のキーボードでできないので、画面上にキーボードを出して、それをマウスポインタで一つひとつ、入力していきます。

入力スピードは速いわけではないので、僕は、予測変換機能を使っています。僕が使っているのが、グーグルの日本語入力。普段よく打つ文字を登録してあります。よく使う文字が、最初の候補として表示されるので便利です。

メールの文章を書くときも効率を考えています。自分に合ったテンプレートを決めておいて、中身を少し変えるだけですぐ送れる文章になる。そういうツールをうまく使って入力をしています。

サイボウズと親交があるので、社内のシステムはサイボウズのキントーンというサービスを使っています。名古屋にMisocaという会社があって、請求書や領収証は、そこのソフトを使って発行しています。お金の管理はネットバンキングでしています。

恩田さんもお話しされるかと思いますが、OriHimeという分身ロボットがあります。そのロボットを東京や大阪など、遠隔地に置いてもらってあり、それをパソコンにつないでいただくと、僕が家のパソコンから操作できます。OriHimeが見た映像が見られ、聞いた音声が聞けます。こちらの声もOriHimeが出せますし、身体を動かして、見る方向を変えたりもできます。

いろいろ紹介しましたが、これらはあくまで僕の例です。ほかにもいろいろありますので、そういったものを活用しながらやるといいでしょう。

恩田　私はアップル社のiPadを使っていまして、ほぼそれ一本ですみます。ウィンドウズ系のものは使っていません。iPadはスイッチで動かしています。ブルートゥースという無線の機能を使っています。iPadですのでiPhoneと同じようにタッチ操作が基本、とみなさん思ってらっしゃるかもしれませんが、実はすべてのiPad、iPhoneはタッチでなくても操作できるようにつくられています。

iPhone、iPadの「設定」という項目から「一般」に入っていただくと「アクセシビリティ」というのが出てきます。そこの「スイッチコントロール」を選ぶと、スイッチで操作できるモードに変わります。あと細かい設定はそこで選びます。カチカチと押すだけのボタンで、クリックもタップもピンチもできる操作の方法があるので、iPhone、iPadの機能はすべて使えるようになっています。

もし障がいをおもちの方がＩＴ機器を使いたい場合は、お住まいの市区町村の役所の窓口に相談に行かれるといいでしょう。おそらく、ＩＴ機器のことを紹介する担当者がいるか、いなくても何かしら協力してもらえると思います。

佐藤　そうですね。iPhoneもだいぶアクセシビリティに特化しています。僕はなんとか喋れるので、Siriを使って操作したりしています。

恩田　スイッチ入力については、障がいをおもちの方でしたら、もうご存知の方も多いと思います。どういう障がいの人に、どういうスイッチが合うか、など研究してサポートしたりしている人もいらっしゃいますね。

先ほど、佐藤さんがおっしゃっていた分身ロボットについて少し説明します。

OriHimeはオリィ研究所所長の吉藤オリィ（吉藤健太朗）さんという方が開発しました。いろいろな操作方法がありますが、なかでも視線入力、つまり眼球の動きで操作できるようにもバージョンアップされたものが注目されています。「OriHime eye」というソフトです。パソコンに視線入力用の横長のバーをつなげてそれを前に置くと、眼の動きを感知してくれて画面上の点が動きます。あとは眼の動きに合わせて、文字を入力したり、OriHimeの手を動かしたり、声を出したりできます。

視線入力は「OriHime eye」だけではなく、無料ソフトもあれば有料ソフトもあります。そういった視線入力がいいのか、スイッチがいいのか、一番自分の身体に合った、ＩＴ機器を選ぶのがいいでしょう。

なぜ視線入力が注目されているかというと、ＡＬＳ患者は身体のいろいろな部分が動かせなくなっても、最後に眼の動きだけは残るのが一般的だからです。いままでは眼しか動かない状態になってから、視線入力に頼ることがありましたが、最近は視線センサーの精度が上がって、価格も安くなってきました。

手や足が動く状態でも、視線入力を使ったほうが楽だったり、スピードが早かったりするので便利なため、視線入力を使うケースも増えてきていると聞いています。センサーはアマゾンでも買えますので、どなたでも入手して、セッティングできます。

佐藤　僕も恩田さんも、たぶん便利なものをすごく調べているし、新しいものを開発している人とのネットワークがたまたまあります。これからますます新しいものに注目していきたいですね。

僕がいま願っているのが、障がいをもったお子さんが、早い段階でＩＴに慣れることです。いまの学校の先生や親御さんはＩＴに詳しくないんですよ。だから、そういう便利なものが活用できていない子がいっぱいいる。子どものうちから、ＩＴに親しんでいないと、成長していくうえでの支障が大きいです。

いま僕が名古屋で有名な椙山女学園大学と話を進めていることがあります。大学と連携して、学生さんと一緒に特別支援学校をまわり、障がいをもったお子さんや親御さん、ＩＴに詳しくない先生に自分のノウハウを教えることを考えています。

恩田　iPadの機能は福祉関係者でも知らないケースが多く、残念ながら、情報の格差が生活の質の格差につながってしまっているのが現状です。せめてその改善の役に立ちたく、新しい技術やＩＴ機器のことを知ったら、ＳＮＳでみなさんに共有していくのが、一つの仕事だと思ってやっています。

佐藤　うちは特別なものは使っていません。僕も松元もiPhoneやiPadを持っていますが、パソコンのOSはウィンドウズ。デザインのソフトはアドビのイラストレータとフォトショップなので、そのあたりはごく一般的です。

〝直感〟を信じて進む

恩田　最後に一つ宣伝させてください（笑）。いつも講演などでALSについて説明するのに使っている動画があります。これは今回の対談のなかにも出てきた、私の声にそっくりな合成音声を使ってつくられています。医学的アプローチではなく、患者目線でALSを直感的に説明したものです。

〈想像してみてください。鼻水も汗も唾液も拭えず、垂れ流すしかないやるせなさを。

想像してみてください。どれだけトイレに行きたくても、自分でズボンを下ろせない惨めさを。

想像してみてください。自分の子を抱きしめることさえできない悲しみを。

想像してみてください。好きな人が隣にいても、口説き文句も言えず、指一本触れられない切なさを。

ＡＬＳとはこんな病気です。

しかし、私は絶望していません。知覚、思考は奪われていないからです。〉

この内容を含めたかたちで、「ＡＬＳの正体」と題して、日本語バージョン、英語バージョンの両方でいまつくっています。ユーチューブでも公開します（二〇一七年六月二一日公開）。

（本書のオビの折り返しにＱＲコードがあります。https://www.youtube.com/watch?v=ebic4uEEoCs）

この動画を通して、世界中のみなさまに、ALSの過酷さとそのなかにある希望を伝えられたらと思っています。この本の読者の方々も、ご覧いただけるとたいへんありがたいです。佐藤社長、対談おつかれさまでした！

佐藤　いままで対談本の出版は考えたことがなかったんですが、直感で、恩田さんとは一緒に出したいと思いました。直感を信じているからです。僕と松元はまったく性格が違いますが、彼は僕に社長をさせてくれています。それは、僕の直感を信じてくれているからなんです。

人生の経験はその人のデータベースになっている。直感とは、そのデータベースの中にある最善の判断を、瞬時に出せる能力だと思っています。僕のこれまでの人生は平凡ではなかったけど、その分いろいろな経験をしてきました。そのなかで出てきた直感は、会社を運営していくうえで大事にしてきました。

恩田さんとの対談本を出したら、何か新しい化学反応が起きるんじゃないかという直感を得て、みなさんを巻き込んで、今日という日を迎え、いろいろお話しすることができました。本当におつかれさまでした！

恩田の秘書をするのが私の天職に

株式会社まんまる笑店　片道切符秘書　坂田勇樹

恩田は大学時代の合唱団のときの先輩で、常にエネルギッシュで、人を巻き込む力があるうえに、後輩を心配してくれる優しさがありました。まわりには恩田を慕う人がたくさんいて、いつも賑やかで、みんな楽しそうにしている。「この人はすごいなあ」とずっと感じていました。大学卒業後はそれほど頻繁に連絡をとっていたわけではありませんでしたが、二〇一五年の一月、恩田がALSを公表したことを知って驚き、その後、FC岐阜の試合を観に行って久しぶりに会いました。すでに車椅子に座っていて、それがすごくショックでした。

当時、私は郷里の福岡にあるテーマパークで働いていたのですが、ALSに罹患した恩田のことが頭から離れず、何か自分にできることはないか、とずっと気になっていました。恩田が起業するということで私に声がかかったとき「これは自分にしかできない。一回の人生、この選択肢を逃したら、きっと後悔するにちがいない」と思いました。

恩田はFC岐阜の社長職が自分の天職だった、といろいろなところで言っています。だから、それを辞めざるをえなかったのは、すごくつらかったはず。しかしいまは、まんまる笑店の仕事を新たな天職にしていこうと考えているでしょう。私にとっての天職は恩田の秘書なのかなと感じています。恩田がこういう状況になったことで就いたポジションなので、これが天職というのはなんだか変な話ではありますが（笑）。社名の通り人の輪をどんどん広げて、みんなが笑顔で生きられる社会をつくっていきたいです。

「恩田さんは、ALSなのにこんなに頑張っていて、人生観が変わりました！」と言っていただける方がいらっしゃいますが、そこまで過分に受け止めていただかなくてもかまいません。恩田は自分を特別だとは思っていません。誰だってやりたいことをやりたいし、家族や友達と一緒に笑顔で生きていきたい。その思いは普通なことだと言っています。ちょっと心に響くものがあった、くらいの受け止め方でいいので、恩田のような人がいることを知っていただき、何か少しでもその人に変化を起こせたらいいなと思っています。

これまでの歩み

恩田聖敬		佐藤仙務
岐阜県山県市(旧高富町)生まれ	1978年	
高富町立桜尾小学校入学	1985年	
高富町立桜尾小学校卒業、高富町立高富中学校入学	1991年	愛知県東海市生まれ
	1992年	SMA(脊髄性筋萎縮症)と診断される
	1993年	東海市立あすなろ学園入園
高富町立高富中学校卒業、岐阜県立岐阜北高校入学	1994年	
岐阜県立岐阜北高校卒業、京都大学工学部物理工学科入学	1997年	東海市立あすなろ学園卒園、愛知県立港特別支援学校・小学部入学
京都大学工学部物理工学科卒業、同大学大学院に進学	2002年	
京都大学工学研究科航空宇宙工学専攻修了、株式会社ネクストジャパン入社	2004年	愛知県立港特別支援学校・小学部卒業、愛知県立港特別支援学校・中学部入学
結婚	2007年	愛知県立港特別支援学校・中学部卒業、愛知県立港特別支援学校・高等部商業科入学
長女誕生	2008年	
株式会社ブレイク取締役に就任、株式会社ネクストジャパンホールディングス取締役管理部長に就任	2009年	
	2010年	愛知県立港特別支援学校商業科卒業
アドアーズ株式会社取締役管理本部長に就任、長男誕生	2011年	合同会社仙拓を設立、代表社員に就任
アドアーズ株式会社常務取締役に就任	2012年	『働く、ということ ―十九歳で社長になった重度障がい者の物語―』彩図社刊行
Jトラスト株式会社経営戦略部長に就任	2013年	仙拓を株式会社に改組、代表取締役社長に就任、第4回 ビジネス・イノベーション・アワード2013「会長特別賞」受賞
株式会社岐阜フットボールクラブ代表取締役社長に就任、ALS(筋萎縮性側策硬化症)と診断される	2014年	『寝たきりだけど社長やってます』彩図社刊行、東海中央ボーイズ(少年野球チーム)名誉顧問に就任
ALSの罹患を公表、株式会社岐阜フットボールクラブ社長を退任	2015年	Japan Venture Awards 2015「アントレプレナー特別賞」受賞、SBI大学院大学経営管理研究科アントレプレナー専攻・特待生枠で入学、ネスレ日本株式会社アドバイザーに就任、一般社団法人日本ピアカウンセリングアカデミー代表理事に就任
株式会社岐阜フットボールクラブ取締役を退任、株式会社まんまる笑店を設立、代表取締役社長に就任、岐阜県委託事業・難病患者在宅療養応援員に就任	2010年	東海市ふるさと大使に就任、『快をささえる難病ケア スターティングガイド』共著・医学書院刊行
国立大学法人岐阜大学非常勤講師に就任、一般社団法人日本ALS協会・岐阜県支部代議員に就任	2017年	

あとがき

ＡＬＳの進行により二〇一五年十一月、生きがいであり天職だと感じていたＦＣ岐阜の社長職をやむなく辞任。二〇一六年四月、取締役からも退き、ＦＣ岐阜の業務から完全に離れました。

医者の診断を聞いたとき、予想もしていなかった難病のことを知り、まさに絶望の淵に落とされた気持ちとなりました。これからＦＣ岐阜を盛り上げていこうとしていた矢先。「どうして自分なんだ！」と叫びたいときもありました。仕事のこと、家族のことを思いました。

そんな私もＦＣ岐阜を離れる頃には、すでに次のことを考えていました。その後すぐに株式会社まんまる笑店を設立し、まずはブログを通して、自分の様子や経験、考えを発信。ビジネスやＡＬＳを理解してもらうことで社会の役に立とう。障がい者も健常者も、みんな笑顔で自分らしく生きていける社会にしていこう。それが私の使命である、と決意を新たにしたのです。

「自分らしさ」は人それぞれ。起業して社長になることが、必ずしもみなさんにとっての幸せではないでしょう。佐藤さんも私もたまたま、会社を立ち上げて社長をすることが、自分らしく生きることでした。

「ALSになっても挫けないで、こんなに頑張れてすごいですね」と言ってもらえることがありますが、私は特別でもなんでもなく、ただわがままで、自分のやりたいことに素直なだけです。みなさんも自分自身としっかり向き合い、何をしたいのか真剣に考え、それに向かって努力をすれば、みなさんにとっての自分らしさにつながっていくはずです。

障がいをもった人にかぎらず、生きていれば、さまざまな困難に直面するものです。タイトルにある通り、本書は「絶望への処方箋」です。「もう耐えられない」「これからどうやって生きていけばいいんだ」「人生、終わった」と苦悩している人に、お役に立てたら幸いです。

一度しかない人生。一生懸命に、わがままに、自分らしく生きましょう！

恩田聖敬

佐藤仙務　さとう・ひさむ

1991年生まれ。愛知県出身。1992年、脊髄性筋萎縮症と診断される。2010年、愛知県立港特別支援学校商業科を卒業。当時、障がい者の就職が困難であることに挫折を感じ、ほぼ寝たきりでありながら、2011年、19歳で幼馴染とともにホームページや名刺の作成を請け負う合同会社「仙拓」を立ち上げた。現在、株式会社仙拓代表取締役社長。自らを寝たきり社長と名乗り、いまビジネス界で注目を浴びている。ネスレ日本株式会社のアドバイザーも務める。

恩田聖敬　おんだ・さとし

1978年生まれ。岐阜県出身。京都大学大学院航空宇宙工学修了。J リーグ・FC岐阜の社長に史上最年少の35歳で就任。現場主義を掲げ、チーム再建に尽力した。就任と同時期にALS（筋萎縮性側索硬化症）発症。2015年末、病状の進行により職務遂行困難となり、やむなく社長を辞任。翌年、『ALSでも自分らしく生きる』をモットーに、クラウドファンディングで創業資金を募り、株式会社まんまる笑店を設立。講演、研修、執筆等を全国で行う。私生活では2児の父。

2人の障がい者社長が語る
絶望への処方箋

2017年11月30日　第一刷発行

著　者　佐藤仙務　恩田聖敬
発行者　小柳学
発行所　株式会社 左右社
東京都渋谷区渋谷2-7-6-502
Tel. 03-3486-6583
Fax. 03-3486-6584
http://www.sayusha.com

装　幀　松田行正＋杉本聖士
協　力　名古屋テレビ放送株式会社
公益社団法人ACジャパン
印刷・製本　創栄図書印刷株式会社

ISBN978-4-86528-183-5

障がい者の就活ガイド

紺野大輝 著　定価 本体1800円＋税

必要なのにこれまでなかった、障がい者のための実践的就活本！「どうやって求人を探すの？」「障がいのことはどう伝えればいいの？」「応募や面接のしかたは？」「相談できる機関や制度はあるの？」準備から面接、内定、そして就労まで、その流れとノウハウをわかりやすく解説。日本経済新聞で中沢孝夫氏が紹介。